Hanfried Schüttler

Kalten Herzens und mit Verstand

Hanfried Schüttler

Kalten Herzens und mit Verstand

Handreichungen für ein konkretes Erarbeiten einer Rolle

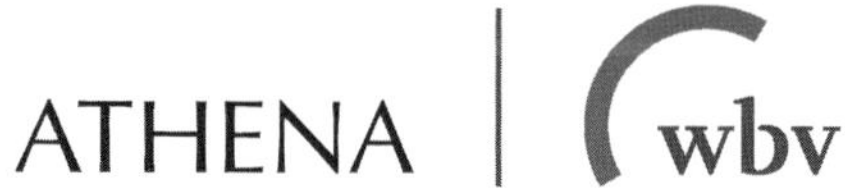

Ein ATHENA-Titel bei wbv Publikation

ein Geschäftsbereich der
wbv Media GmbH & Co. KG

Gesamtherstellung:
wbv Media GmbH & Co. KG, Bielefeld
wbv.de

Umschlagfoto: Szene aus dem Film »Ein andalusischer Hund«
(Un chien andalou) von Luis Buñuel, © akg-images / fine-art-images

ISBN (Print) 978-3-7639-7321-7
ISBN (E-Book) 978-3-7639-7342-2

Printed in Germany

Bibliografische Information der Deutschen Nationalbibliothek
Die Deutsche Nationalbibliothek verzeichnet diese Publikation in der Deutschen Nationalbibliografie; detaillierte bibliografische Daten sind im Internet über http://dnb.d-nb.de abrufbar.

Inhalt

Dank

Tina Kriwitz, ohne deren Insistieren ich das Buch nicht geschrieben haben würde,

Katharina Schüttler, der ich die Idee zu dem Arbeitsheft verdanke,

Elina Benecke sowie

Anna Bott für deren aufmerksame Lektüre und konstruktive Kritik.

Vorwort

Dieses Buch bündelt meine, in unterschiedlichsten Formaten gemachten, Erfahrungen als (Set-)Coach sowie als Dozent für Schauspiel und Regie. Es zeitigt keine Methode, nach der ich ab und an gefragt werde. Meine Arbeit ist rezeptfrei; was funktioniert wird benutzt, was nicht wird vernachlässigt – »die« Technik ein analytischer Reflex auf ein beabsichtigtes Tun. Wir werden diese Thematik von verschiedenen Blickwinkeln aus betrachten, uns ihr annähern, abschweifen und einzukreisen suchen. Überschneidungen und Wiederholungen sind nicht nur unvermeidlich, sondern auch gewollt. Aber grundsätzliche Zweifel bleiben, nicht zuletzt weil auch ich mich auf die ewigen Probleme beziehe, die von den verschiedensten – zum Teil hervorragenden und sich dabei widersprechenden – Autoren schon abgearbeitet worden sind, so dass ich mir ein wenig wie ein »Wiederkäuer« vorkomme.(**1**) Doch angesichts der vielen Schauspieler, die nach wie vor tagtäglich in die eine oder andere der unzähligen (emotionalen) »Gestaltungsfallen« tappen und nicht selten darin hängen bleiben, hoffe ich, mit dem hier vorliegenden Brevier einen konstruktiven Beitrag zu deren Befreiung leisten zu können. Das Wissen um Probleme zieht eben nicht zwingend eine Lösung nach sich. (Falls also jemand »die« Methode zur Hand haben sollte, bitte sofort melden.) Generalisierungen – etwa wenn ich von »den« Schauspielern oder »der« Regie spreche – beanspruchen ihre Allgemeingültigkeit nur bis zur Grenze meines subjektiven Erfahrungshorizonts; sind also nur als vorläufige zu betrachten. Sollten Sie sich für die Lektüre dieses Buches entscheiden, bestellen Sie gleich noch zwei weitere, auf die später Bezug genommen wird: »Der Gott des Gemetzels« von Yasmina Reza und »Die Zofen« von Jean Genet. Es wäre von Vorteil, wenn Sie beide Stücke dann schon gelesen und einen eigenen Blick auf diese hätten, damit Sie nicht nur durch meine Brille schauen müssen. Und ein letzter Hinweis: Wegen der besseren Lesbarkeit ist die männliche Form beibehalten worden. Diese schließt weibliche wie diverse Personen immer mit ein.

Selbstversuch

Stimmung komme von Stimme, so die zum Interview geladene Journalistin im Hörfunk, die eine Ausbildung zu einer Geschichtenerzählerin gemacht hat und nun als eine solche zahlreiche, ihre Existenz sichernde, Auftritte absolviert. Bevor sie die Bühne betrete, versetze sie sich in die jeweilige Stimmung, und erst dann beginne sie. Ihr ginge es nämlich in ihrer Arbeit, wie sie nachdrücklich betont, um »Authentizität«. Sie meint wohl mit diesem – wie von so vielen für sich reklamierten – Wort die Wahrhaftigkeit ihrer Darstellungsweise. Allein schon die Benutzung dieses Wortes scheint jede weitere Nachfrage zu verbieten. Aber auch wenn über bestimmte Begriffe Einigkeit zu herrschen scheint, geht es an deren konkrete Umsetzung, treten die unvereinbaren Widersprüche offen zutage. Die Interviewte mag ihre Geschichten auf diese Art und Weise erfolgreich erzählen. – Ich halte ihr Berufsverständnis für falsch.

Sie hat in der Sendung eine Kostprobe ihres Könnens gegeben:

*Der König bestieg sein Pferd und hetzte durch die gewitterschwere Nacht ans Meer. Doch er kam zu spät. Am Strand fand er seine holde Geliebte, für die er bereit gewesen wäre, sein Leben hinzugeben – tot zu seinen Füßen.***(2)**

In ihrer Erzählweise rutscht ihre Stimme nach oben, um den Vorgang zu dynamisieren. Dann spricht sie schneller, der König *hetzte* ja, das *Meer* hingegen wird – spannungssteigernd – in die Breite gezogen. Nach *Doch er kam* macht sie eine – bedeutungsschwere – Pause, in der sie die Luft anhält, um – denk- sowie empfindungsunfähig – *zu spät* zu setzen. Nach *Am Strand* folgt eine kurze Zäsur, und *holde Geliebte* wird mit einer sehr weichen, anmutigen Einfärbung der Stimme versehen. Die Vortragende atmet – gegen den Sinn der Mitteilung – vor *bereit gewesen wäre*, vor *hinzugeben* sowie vor und nach *tot*, um ihre Stimme dann mit *zu seinen Füßen* in einen bodenlosen Abgrund fallen zu lassen.

Falls Sie diese Beschreibung als zu kleinteilig empfinden, erzählen Sie die Geschichte genauso und gehen dabei einfach mal dem nach, was das mit Ihnen macht:

Mit angehobener Stimme	*Der König bestieg sein Pferd und*
schneller	*hetzte durch die gewitterschwere Nacht ans*
in die Breite gezogen	*Meer. Doch er kam*
Pause, mit angehaltener Luft	*zu spät. Am Strand*
kurze Zäsur	*fand er seine*
mit weicher, anmutiger Stimme	*holde Geliebte, für die er*

Atmen	*bereit gewesen wäre, sein Leben*
Atmen	*hinzugeben –*
Atmen	*tot*
Atmen, Stimme ins Bodenlose fallen lassen	*zu seinen Füßen.*

Diese Art und Weise des Vortrags sei, wie gesagt, gekennzeichnet durch ihre Authentizität. Ihre Zuhörerschaft reagiere begeistert.

Wie der zu heiße Brei für das Baby zuvor im Mund der Mutter, wird auch die Geschichte stimmlich vorgekaut, bevor sie der Zuhörerschaft zu Gemüte geführt wird. Aber wäre es nicht angebrachter, wie etwa in einem Malbuch für Kinder, nur die Umrisse der Figuren zu liefern, das Ausmalen aber jenen zu überlassen? So jedoch wird die beabsichtigte Wirkung wie ein Hülle über den Text gezogen und bringt ihn augenblicklich zum Ersticken. Diese Art der Präsentation setzt keine Bilder mehr frei, sondern erzeugt bestenfalls ein wohliges Gefühl allgemeiner Betroffenheit.

Aber dann ist es doch nicht ganz so einfach. Die Vortragende hat eine durchaus interessante Herangehensweise an ihre Geschichten. Auf die, immer wieder gerne gestellte, Frage, *Wie können Sie sich eigentlich diesen ganzen Text merken?* antwortet sie, dass sie sich kunstlos gehaltene Bilder von den Geschichten aufmale. Sie müsse sich die Bilder während des Vortrags nur anschauen, und dann wisse sie, wie es weiter gehe. Der eigentliche Ausdruck entsteht mithin immer erst im Augenblick des Erzählens. An diesem entscheidenden Punkt verhält sie sich schauspielerisch richtig, in dem sie nicht auswendig gelernten Text aufsagt, sondern ihn real entwickelt, jedes Mal aufs Neue. Und so kommt es dann doch zu besagter Authentizität. Die Umsetzung von Bild zu Text beansprucht ihre ganze Konzentration. Damit gelingt es ihr, Menschen unterschiedlichsten Alters, wie sie berichtet, in ihren Bann zu ziehen.

Die Konzentration des Zuschauers ist immer die des Darstellers.

Eigentlich wäre alles gut, wäre da nicht die wohlige Stimmung, in der die Vortragende meint, sein zu müssen, um auf der Bühne glaubwürdig zu agieren. Aber so hat sie es wohl gelernt.

Strukturelles Dilemma

Einerseits: sind Schauspieler egoman, krankhaft selbstbezogen. Sie haben nichts anderes als sich selbst, auf das sie zurückgreifen können; wenn sie denn spielen. Das »wenn« verschärft das Problem. Was tue ich nicht alles, um endlich auch einmal spielen zu können? Wie

Zu allererst nehme ich die tollen Rollen an. Wenn die nicht kommen, nehme ich die mittelmäßigen. Und wenn die auch nicht kommen, nehme ich die, die Miete bezahlen.
Michael Caine

fließend ist der Grenzverlauf von sich anbieten zu sich anbiedern bis hin zu sich aufgeben? Was macht das mit dem eigenen, ständig zur Disposition stehenden, Selbstwertgefühl, und was bedeutet das für die eigene Leistungsfähigkeit? Wie sehr erhöht sich der Druck, es immer jetzt sofort »bringen« zu müssen? Wie gehe ich damit um, nicht zu genügen?

Nun, ich nehme Abstand von dem, was doch Voraussetzung für Authentizität – verstanden als ein der Wahrhaftigkeit verpflichtetes Spielen – sein sollte, von mir selbst. Schlimmer noch: Nicht selten wird meine Konzentration während des Spielens davon absorbiert, nicht sichtbar werden zu lassen, wer ich bin bzw. glaube zu sein.

Das äußere Gehabe der Menschen ist so vieldeutig, daß man sich nur geben muß, wie man ist, um völlig verborgen zu leben.
Elias Canetti

Ich spreche hier nicht von den Wenigen, die das unsagbare Glück haben, in schöner Regelmäßigkeit über den roten Teppich laufen zu können; von denen die meisten vom Theater kommen oder auch noch dort arbeiten. Sie sind eben »richtige« Schauspieler, die eines verbindet: handwerkliches Können. Schauspielen ist ein Beruf und keine Behauptung, auch wenn immer wieder gerne die Vereinzelten ins Feld geführt werden, die es ohne eine Ausbildung geschafft haben, »ganz nach oben« zu kommen, was immer das auch heißen mag und »amerikanische Verhältnisse« beschworen werden, ohne diese wirklich zu kennen.

Andererseits: ist das (Schau-)Spielen, ob im Theater oder vor der Kamera, die – noch verbliebene – Form eines gesellschaftlichen Umgangs, das zu seinem Gelingen ein Sozialverhalten, sprich eine intakte, kommunikative Struktur zwischen den Akteuren zu seiner Voraussetzung hat.

Wie bekommen wir diese Schere geschlossen? Oder leben wir mit diesem Widerspruch? In *Nachgelassene Fragmente* schreibt Friedrich Nietzsche:

INWIEFERN DER MENSCH EIN SCHAUSPIELER IST

Nehmen wir an, der einzelne Mensch bekomme eine Rolle zu spielen: er findet sich nach und nach hinein. Er hat endlich die Urtheile, Geschmäcker, Neigungen, die zu seiner Rolle passen, selbst das dafür zugestandene Maaß von Intellekt: – einmal als Kind, Jüngling usw., dann die Rolle, die zum Geschlecht gehört, dann die der socialen Stellung, dann die des Amtes, dann die seiner Werke-

Aber, giebt ihm das Leben Gelegenheit zum Wechsel, so spielt er auch eine andere Rolle. Und oft sind in Einem Menschen nach den Tagen die Rollen verschieden (…)

Die Rolle durchführen, d. h. Wille haben, Konzentration und Aufmerksamkeit: vielmehr noch negativ – abwehren, was nicht dazu gehört, den andringenden Strom andersartiger Gefühle und Reize, und – unsere Handlungen im Sinne der Rolle tun und besonders interpretieren.

Die Rolle ist ein Resultat der äußeren Welt auf uns, zu der wir unsere »Person« stimmen, wie zu einem Spiel die Saiten. (...)

Der Mensch ist ein Schauspieler. (zit.)

Wenn Nietzsche beizupflichten wäre, dann würden wir ja schon alles mitbringen, was wir für den Beruf bräuchten. Er wäre in uns vorhanden. Dann wäre die »Ausbildung« zum Schauspieler im Wesentlichen nur ein Hervorholen dessen, was schon in uns ist; ein Auseinandersetzen mit unserem – beschämt-beschädigten – Selbst. Mit anderen Worten, der Weg zur Figur führte nicht von uns weg, sondern wir kämen über diese wieder zu uns.

Ich nutze die Rolle, um mich in ihr zu finden.
Lars Eidinger

Schnittstelle

Marlon Brando habe, so berichtet Dustin Hoffmann, nach dem *Action!* des Regisseurs nie direkt mit dem Spiel angefangen, geschweige denn mit dem Text seiner Figur, sondern sei dem, womit er im Augenblick beschäftigt gewesen war, z. B. einem Gespräch mit dem Requisiteur, weiter nachgegangen, um dann übergangslos mit dem Text der Figur zu beginnen.

»Berühmte« Schauspieler scheinen sich das leisten zu können. Und es mag beruhigend sein, dass sich sogar ein solcher Star mit dem rumschlagen musste, mit dem sich ein jeder von uns rumschlägt. Die Anekdote macht vor allem klar, dass Marlon Brando nicht zuletzt deshalb ein Star war, weil er ein Bewusstsein von »Sich« und der »Figur« hatte, von dem Abstand zwischen den Beiden sowie von der Schwierigkeit – in jeder Szene aufs Neue – quasi auf die andere Seite zu kommen und dass er einen für sich gangbaren Weg gefunden hatte, ihn zu pflastern.

»Gute« Schauspieler haben zwar auch ein Bewusstsein von dieser Schnittstelle, sind aber eher bemüht, den Graben nicht sichtbar werden zu lassen und suchen ihn souverän zu überspringen. Ihre Darstellung der Figur wird dann eine behauptete, denn sie bleiben, von der Figur getrennt, auf der anderen Seite verschämt zurück – vor der Kamera wie auf der Bühne.

»Schlechte« Schauspieler, unzureichend oder nicht ausgebildete, haben schon gar kein Bewusstsein mehr von einer Figur. Sie sind oft auch nicht in der Lage oder willens, sich um eine solche zu kümmern. Physisch verkrampft treiben sie auf einer Welle illustrierter Emotionalität, ohne irgendeinen Bezug zur Zeit oder zum Raum. Ihre physischen Verkrampfungen sind ihnen nicht selten sogar Beweis ihrer schauspielerischen Intensität.

Ich spiele das nicht, ich bin das.
Klaus Kinski

»Geniale« Schauspieler kenne ich persönlich nur einige wenige. Und diesen ist gemein, dass sie – bei allem, was sie darüber hinaus unterscheidet – ansatzlos immer zwischen sich und der Figur wechseln können; sie haben den Abstand auf null reduziert. Sie sind immer beides gleichzeitig. Sie sind immer »richtig«: Sie sind immer sie selbst und immer die Figur; sie sind immer wahrhaftig.**(3)** Diese hundertprozentige Deckungsgleichheit, die ihr Spiel auszeichnet, könnte vielleicht das sein, was Begabung ausmacht.**(4)**

Gute Schauspieler – schlechte Schauspieler

Du lässt dich demütigen? – Ich bin Schauspieler.
The Kominsky Method

Bei vielen Schauspielern schwingt in der Arbeit die unausgesprochene Frage, *Und, war ich gut?* immer mit. Sie scheint deren eigentlicher Motor zu sein. Die Anfälligeren, die wissen, dass ihre Darstellung Defizite aufweist, neigen dann eher zu einem, *Ich weiß, das war's jetzt gerade noch nicht, oder?* Aber was bedeuten diese Fragen eigentlich? Bin ich schlecht, oder ist mein Spiel schlecht? Ist gewissermaßen der Mensch in mir schlecht, oder ist nur der Schauspieler schlecht? Oder gar beides, weil der Schauspieler schlecht ist, taugt auch der Mensch nichts? Angesichts der häufigen Beschämungen könnte man das annehmen. Wenn also der Schauspieler/Mensch schlecht ist, muss dann nicht auch meine Figur schlecht sein? – All diese moralisierenden Fragen nach der Qualität meines Spiels und meiner Person führen nur in die Sackgasse. Sie vernebeln den Blick und rücken die mögliche Figur in weite Ferne. Schauspielerei wird zu einer Angelegenheit subjektiven Geschmacksempfindens, das allenfalls in einem Poesiealbum seine Berechtigung fände.

Mir persönlich ist es vollkommen egal, ob Schauspieler sich in der Darstellung ihrer Rolle »gut« oder »schlecht« fühlen oder sich als »gut« oder »schlecht« beurteilen. Um sich selbst in eine überprüfbare Produktivität zu bringen, reicht eine Frage vollkommen aus:

Ist das, was ich tue, für die Verkörperung der Figur vonnöten?

Wenn ja, wird es beibehalten, wenn nein wird es verworfen. Das hat auch den positiven Nebeneffekt, dass ich gar nicht erst versuche, die ganze Figur oder ihren »Bogen« zu spielen, den es sowieso nicht gibt, sondern nur das für die jeweilige Situation der Figur eben Notwendige auswähle; nicht mehr, aber auch nicht weniger.

Dass diese selbstquälerische Frage, *Bin ich gut oder schlecht?* wie ein Damoklesschwert über dem Spielen hängt, ist auch eine Folge der Ausbildungsstruktur.

Zum einen gibt es unzählige private (»Film«-)Schulen, von denen einige explizit mit Theater nichts zu tun haben wollen, da es ja im Film um Authentizität(!) gehe, in diesem Fall um »Natürlichkeit«, will sagen »Wie-im-richtigen-Leben-Spielen« – siehe Amerika, weshalb jene auch gerne das Wort »international« im Titel führen. Schon aus Gründen der Rentabilität müssen sie ihre Klassen mit ungeeigneten oder zu alten Schülern auffüllen. Mit den Träumen dieser, oft orientierungslosen, Menschen ist gut Geld verdienen, und diesen bleibt ja auch nichts anderes übrig, als das für wahr zu halten, was dort vermittelt wird. Ausgestattet mit einem Halbwissen und falschen Sicherheiten werden sie Teil eines ständig ansteigenden Meeres arbeitsloser Schauspieler, in dem die meisten sang- und klanglos untergehen. Wem von ihnen es doch einmal gelingt, vor der Kamera zu stehen, dem ist trotz der Schule eine gewisse »Persönlichkeit« geblieben. Aber das Spiel bleibt, in Ermangelung einer Figur, zumeist privat.

Struktur
wacht über Auge
Auge
ergibt sich
Anna Cron

Zum anderen geraten viele der an staatlichen Schulen Ausgebildeten mit dem handwerklichen Rüstzeug, deren Vermittlung sehr umfassend sein kann, nicht selten in eine Abhängigkeit von ihren Lehrern, die ihnen als eine solche nicht bewusst wird und aus der sie sich dann nur schwer befreien können. Das, was sie von sich zeigen, wird von diesen oft als, *schon ganz gut,* oder, *war schon mal besser*, als, *muss noch mehr* oder, *war jetzt zu wenig*, als, *ich sehe da nur dich* oder *ich sehe dich da überhaupt nicht*, beschrieben. Die Kritik bleibt in ihrer moralisierenden Allgemeinheit abstrakt, erhöht so den Druck auf die Schüler und verstärkt deren Abhängigkeit von – oftmals im Kunstbetrieb gescheiterten – Lehrern, deren Lob sie bedürfen. Da Schüler und Figur gewissermaßen »eins« sind, da es eine von ihnen unabhängige Figur noch nicht gibt, vernichtet sie diese sachlich daherkommende Art der Kritik auch als Mensch. Sie starten ihr Spiel aus einem mehr oder weniger großen Selbstzweifel heraus, der ihre Leistungsgrenze bestimmt.

Denk dran, am Ende der Szene brauche ich dein Problemgesicht!
Regieanweisung

Später, am Theater oder beim Dreh übernimmt nicht selten der Regisseur diese Position, der ein Ergebnis formuliert, aber nicht sagen kann, wie die Schauspieler zu diesem kommen.**(5)** Viele Regisseure sehen dafür auch die Notwendigkeit gar nicht. Das sei schließlich deren Job, wofür hätten sie ihn sonst gelernt. Wie auch immer man zu einer solchen Einstellung stehen mag, für die Verunsicherten bleibt nur eines: einen Weg in die Selbstständigkeit zu finden, und das heißt auf der Bühne oder am Set:

Ein konkretes, jederzeit wiederholbares Verhalten, das sich von der spezifischen Geschichte der Figur herleitet und diese kennzeichnet.

Weniger ist mehr

Mache alles so einfach wie möglich, aber mache es nicht einfacher.
Albert Einstein

So sehr man sich in der Arbeit auf die Maxime auch einigen kann, so sehr artikulieren Schauspieler nach Vorstellungen oder Drehs immer wieder Vorbehalte gegen ihre geleistete Arbeit, oft gerade dann, wenn die Regie einverstanden ist: Sie hätten *gar nichts mehr* gespielt, das sei *zu wenig* gewesen, sie hätten *mehr* machen müssen. Diesem Unbehagen liegt der unausrottbare Glaube zugrunde, Spielen sei Arbeit, müsse mithin also physisch anstrengend oder zumindest spürbar sein. Die gedankliche Aktivität einer Figur, die ja nun wirklich Arbeit ist, scheint nicht zu zählen.

Nach dem Verweis darauf, dass doch eine gewisse physische Leichtigkeit die Voraussetzung für eine unter Umständen enorme gedankliche Aktivität bilde – gemeint ist die Führung der Figur in der Gegenläufigkeit ihres äußeren und inneren Rhythmus' – kommt dann sehr oft, *Ja, ja, ich weiß schon, weniger ist mehr*; ein Satz, der jede weitere Diskussion beenden soll, ohne dass dieser an dem Unbehagen etwas geändert haben würde. Doch *weniger ist* nicht *mehr, weniger ist* – bezogen auf die Verkörperung der Figur – zu wenig.

Aber das Unbehagen ist da und kommt nicht von ungefähr. Vielleicht hat es seinen Grund darin, dass die Schauspieler spüren, dass ihren Figuren »Volumen« fehlt. Die »Bringschuld«, in der sie sich sehen, führt zu einer konzentrationsmäßigen Verengung ihres Agierens, die alles, was den, vom Regisseur geforderten, Ausdruck nicht zutage fördert, als nicht dazugehörig auszublenden oder wegzudrücken sucht. Diese Verdrängung macht die Figur tendenziell körperlos; in ihrer Wirkung »raumverloren«. Der Fehler, wenn man so will, liegt in der schauspielerischen Präparation in dem Moment vor dem Spiel: dem Moment, in dem die Schauspieler sich von der Figur ausschließen. Das Gegenteil wäre richtiger. Ihre Figur kommt zu dem, was sie sind und bleiben – ob es ihnen nun passt oder nicht – nur dazu. Das, glaube ich, hat Nietzsche gemeint, als er davon sprach, dass wir die *Rolle* zu unserer »Person« stimmen. So verstanden wäre dann das *weniger ist mehr* tatsächlich: mehr.

180°-Kehre

Natürlich ist es verständlich, dass ich mich zu Beginn einer Rollenarbeit auf mich besinne. Wo sollte ich auch sonst ansetzen, wenn nicht bei mir selbst? Ich richte also meinen Blick nach innen. Nur werde ich dort auf nichts Verwertbares stoßen, am allerwenigsten auf eine Figur. Aber suche ich eigentlich die Figur, oder suche ich nicht vielmehr ihr Gefühl? Das will ich fühlen und mich auf diese Weise mit der Figur, die ich ansonsten eher vernachlässige, zur Deckung bringen. Dieses Vorhaben jedoch ist zum Scheitern verurteilt. Ich werde auf keine Gefühle stoßen. Diesem Glauben liegt die irrige Annahme zugrunde, Gefühle seien etwas statisches, fest umrissenes, gewissermaßen Dingliches, was sich ja auch im Sprachgebrauch zeigt: *Ich* habe *mich verliebt.*

Gefühle gibt es nicht »an sich«, sie sind nicht zu »haben«. (Außer Sonntagabends im Zweiten, wo man ja schon mit nur einem Auge besser sieht.) Die Gefühle sind gebunden an mein Tun und kommen nur über die Art und Weise, über das »Wie« meines Tuns an die Oberfläche. Insofern ist es unerheblich, ob ich ein Gefühl habe oder fühle oder eben auch nicht – der Zuschauer sieht es nicht. Wenn ich ein Gefühl spiele, also angestrengt so tue, als ob ich es fühlen würde, dann verkommt meine Darstellung unweigerlich zum Klischee. In der Folge ist alles, was aus dieser Art der Verkörperung erwächst, irreführend.

Gefühle entziehen sich dem direkten Zugriff. Ich kann mich nicht zu einem Gefühl zwingen. Ich finde mich wieder in ihm. Mit anderen Worten, ich stelle etwas in mir fest, das anscheinend ohne mein Zutun dorthin gekommen ist und erst durch meine gedankliche Erfassung existent wird, was der Satz, *Ich glaube, ich bin verliebt,* meint. An dem entscheidenden Punkt meines Spiels, an dem der

Ausdruck der Figur quasi auftaucht, da bleibe ich passiv zurück; diesen gestalte ich nicht.

Ich lasse den emotionalen Ausdruck der Figur in mir zu.

Dass ich den Ausdruck der Figur in mir zulasse, ist ja klar; wo sonst, wenn nicht in mir. Worauf ich hinweisen möchte ist, dass der Ausdruck der Figur ein »Ich« zu seiner Voraussetzung hat, mithin eine Parallelität von Ich und Figur besteht und dass ich, wenn ich auf der spielerischen Ebene passiv zurückbleibe, auf der persönlichen diesen Vorgang – siehe Nietzsche – genau mitvollziehe und kontrolliere.

Emotionale Gestaltungsfalle

Wie komme ich also willentlich an etwas Unwillentliches?
Nehmen wir eine Szene, die ein Schauspieler von seiner Agentur für ein Casting bekommen hatte. Er konnte mir nichts von der Geschichte, um die es geht, sagen, nichts von der Figur, außer dass sie Anfang zwanzig sei, nichts von ihrer – verschwiegenen – Vergangenheit, nichts von ihren – verschwiegenen – Träumen, einfach nichts. Er hatte nur diesen Text.**(6)**
(Die Szene eignet sich auch deswegen, weil Sie für deren Realisierung nur sich selbst brauchen. Zudem könnte Albert auch Albertine heißen, also jeder von Ihnen könnte sie für sich erarbeiten.)

INNEN/ABEND

ALBERT SITZT IM WOHNZIMMER UND TELEFONIERT MIT SEINER MUTTER.

ALBERT

Danke, ich hab dich nicht gebeten, mich zu besuchen. (...) Wenn dir das Probleme bereitet, dann hättest du nicht kommen sollen (...) Was!? Hör endlich auf, mich für deine Fehltritte im Leben zu beschuldigen. Ich wohn nicht mehr unter deinem Dach, also hast du auch kein Recht mehr, mich wie ein Kind zu behandeln. Kein Wunder, dass Papa dich verlassen hat (...) Ich geb nicht ihm die Schuld. Ich geb dir die Schuld. Du gehst mir echt auf die Eier (...) Jaaa, tut mir leid (...) Was? Ich hab doch gesagt, ich nehms zurück (...) Mama, Mama! Es ist mein Scheißgeburtstag, gönn mir mal ne Scheiß Pause! (...) Halt die Klappe! (...) Ja, du hast mich gehört. Ich leg jetzt auf (...) Ich leg jetzt auf, Mama. Und ruf bitte nicht mehr an.

Eine unproblematische Szene – auf den ersten Blick jedenfalls. Jeder von uns kennt auf die eine oder andere Art diese Familienkonstellation. *Das spielt sich vom Blatt.* Schon beim ersten Lesen glaube ich, »voller« Energie und »voller« Gefühl starten zu können. Da ich aber noch ohne Figur bin, starte ich notgedrungen »voller« Druck, um so meine physisch empfundene, innere Leere nicht zu Bewusstsein kommen zu lassen. Ohne eine physische Präsenz der Figur bleibt mir nichts anderes übrig, als die Sätze emotional »aufzupumpen«. Meine Gestik kommt über ein verkrampft-illustrierendes Gehabe – auf das ich im Stress beim späteren Spielen reflexhaft zurückgreife – nicht hinaus. Die emotionale Gestaltungsfalle hat zugeschnappt.

Übereinstimmungen

Bevor ich in diese Falle tappe, trete ich einfach mal einen Schritt zurück und schaue, was, unabhängig von der späteren Ausprägung der Figur, diese in jedem Fall kennzeichnet, was die Figur gewissermaßen konstituiert und: was die Figur und ich in jedem Fall tun, ohne dass jene nur auf einer gedanklichen Ebene verbleibt, mein Spiel also über eine »Absichtserklärung« nicht hinauskommt.

Dadurch, dass ich mich wie die Figur verhalte, synchronisiere ich mich mit ihr. Die selbstquälerische Frage, *Bin ich gut oder schlecht?* erübrigt sich, denn ich agiere – sofort – richtig. Ich bin auf Augenhöhe mit der Figur – ohne irgendeine physische Anstrengung. So sehr diese auch noch im Nebel liegt, »fasse« ich sie in wesentlichen Punkten, die ihre Glaubwürdigkeit zur Voraussetzung haben.

Erst einmal tun beide, Figur und ich, etwas Selbstverständliches, über das ich im normalen Leben gar nicht nachdenke, das ich im Spielen dann aber – merkwürdigerweise – oft vergesse: Atmen. Sobald ich die Luft anhalte, kann ich nicht mehr denken. Das mache ich eigentlich nur, wenn mich Angst »übermannt«; z. B. wenn ich schon im Bett liege und plötzlich erstarre, weil ich glaube, im Flur einen Einbrecher gehört zu haben. Und dann mein erleichterter Ausatmer, wenn es, Gott sei Dank, doch nur der Mieter über mir ist. Egal was die Figur tut, beziehungsweise ich an Stelle der Figur:

1. Mein Atem läuft durch.

Was tue ich darüber hinaus in jedem Fall? Ich bin – noch vor jedem Text – in der Welt, pathetisch gesprochen, in diese geworfen. Ich bin also mit meinem Blick draußen, in der mich umgebenden Welt.

Und ich setze mich zu dem, was ich sehe, in Beziehung; nicht in einem aktiven Sinne, wie ich etwa ein Bild im Museum betrachte, sondern in einem passiven. Die Welt fällt in mich hinein, und ich bin ihr bedingter Reflex. Ich kann nicht nicht wahrnehmen. Erst mit dem Tod »bricht« mein Blick. Ein zwingendes Beispiel für diesen komplexen Vorgang des »Verhaftet-Seins« in der mich umgebenden Welt liefert Georges-Arthur Goldschmidt in seinem Roman *Die Absonderung.***(7)**

2. Mein Blick geht raus.

Was bedeutet das für unsere Szene? Wo und wann tut Albert was – unabhängig von irgendeinem Text?

```
INNEN/ABEND
ALBERT SITZT IM WOHNZIMMER UND TELEFONIERT MIT SEI-
NER MUTTER.
```

Wo **tut** er im Wohnzimmer **sitzen**, auf dem Sofa, dem Wohnzimmertisch, dem Fußboden? Er telefoniert, was heißt, er **tut sprechen** und **tut zuhören**; darüber hinaus **tut** er in das Wohnzimmer **blicken.(8)**

Für mich als Schauspieler bedeutet synchronisieren nicht, dass ich mich jetzt dazu bringe, ein Wohnzimmer zu sehen, sondern dass ich mich mit meinem Blick auf den Raum beziehe, in dem ich bin, also das tue, was Albert auch tut: **Sehen**; in meinem Fall nehme ich den Raum wahr, in dem das Casting stattfindet. Ich blende also diese desillusionierende Realität, die mein Spiel vermeintlich behindert, nicht aus, sondern ich nehme sie an, und in genau diese Realität »setze« die Figur. Ich spiele in einem Raum, der für das, was ich spielen soll, so überhaupt nicht geeignet erscheint.

Wie die Figur das, was auf sie **einwirkt**, **bewertet** beziehungsweise **interpretiert** – und das tut sie sofort –, ist schon eine inhaltliche, eine die Figur konkretisierende Entscheidung des Schauspielers. Aber dadurch, dass die Figur nicht willentlich bewertet, sondern »nur« **reagiert**, bin ich, wenn ich meine Reaktion auf das, was ich sehe, ebenfalls »nur« zulasse – zum Beispiel einen offensichtlich gelangweilten, schon seit Stunden hinter der Kamera stehenden Assistenten des Casters betrachten –, sofort richtig. Was meine Darstellung in jedem Falle kennzeichnet:

3. Ich bin mit etwas anderem beschäftigt als dem Text.

Erst wenn ich die Figur in ihrer physischen Präsenz etabliert oder eingerichtet habe, kümmere ich mich um den Text.

`Danke, ich hab dich nicht gebeten, mich zu besuchen (...)`

Albert antwortet seiner Mutter. Jeder sprachlichen Veräußerung ist – unabhängig von seiner inhaltlichen Ausrichtung oder emotionalen Temperatur – eines gemeinsam:

4. Denken und Sprechen fallen zusammen.

Ich schalte mich als Schauspieler nicht zwischen den Gedanken und das Sprechen, um den Satz auf eine bestimmte Art und Weise zu interpretieren. Denn dann gestalte ich einen (aus-)gedachten Ausdruck, also das, was sich als Folge des durchgeführten Satzes einstellen sollte. Die Figur agiert nicht dramaturgisch. Sie teilt sich nur mit.

Nehmen wir an, der Regisseur möchte Alberts ersten Satz mit Ironie gesprochen haben.**(9)** Um die herzustellen, versehe ich `Danke` mit einem leichten Druck auf die Stimme und vor `gebeten` halte ich kurz die Luft an. Auch wenn der Regisseur sich mit dieser Art der Gestaltung zufrieden geben sollte, ist diese Art des zwar richtig gemeinten, aber von außen gestalteten Spiels falsch.**(10)** Der äußere Eingriff auf die Figur mag als Beleg für meine Intelligenz gesehen werden, aber ein Schauspieler mit Abitur ist nicht abendfüllend. Die Figur ist jedenfalls sofort ihrer Existenz beraubt, wenn ich deren physische »Durchführung« zugunsten eines beabsichtigten Ergebnisses aufgebe. Der zu sprechende Text kommt immer nur dazu, und ich veräußere den Gedanken, wenn der Impuls für ihn da ist. Um die Durchführung real werden zu lassen, ist aber noch etwas vonnöten:

5. Ich spreche den Satz in meiner gedanklichen Echtzeit.

Ich spreche nicht schneller, als ich in Wirklichkeit denke. Das tut die Figur auch nicht, nie.**(11)** Die Ironie vermittelt sich nicht durch Druck und Kunstpausen innerhalb des Satzes:

(Druck) `Danke, ich hab dich nicht` (Kunstpause) `gebeten, mich zu besuchen (...)`

Meine schauspielerische Kontrolle macht vor der Figur halt. Die ist naiv. In diesem Sinne halte ich die Figur von mir fern.

Wie aber entsteht dann Ironie? Alberts Antwort, hat einen gedanklichen Vorlauf. Er hört nicht nur im Hinblick auf sein Stichwort, was seine Mutter sagt, sondern er hört ihr zu, was meint: er setzt sich mit ihr und dem, was sie sagt, auseinander – und zwar unmittelbar. Und sie **geht** ihm offensichtlich **auf den Senkel**. Daraufhin **entscheidet** er **sich**, seiner Mutter **mit Ironie zu begegnen**, und das bedeutet:

6. Denken ist Handeln

Ich spiele nicht denken, ich **denke**: Ich höre, ich bewerte, ich entscheide, ich antworte. Indem ich mich in meiner – wie die Figur in ihrer – gedanklichen Echtzeit verhalte und – den Anweisungen des Regisseurs Folge leistend – mich real entscheide, wie Albert auf den Satz seiner Mutter ironisch zu antworten, verhalte ich mich wie die Figur. Mein Spiel ist richtig, und gleichzeitig weiß ich, dass ich richtig agiere.

Um das, was der Regisseur »sehen« möchte, in diesem Fall den ironischen Abstand des Sohnes zu seiner Mutter, kümmert sich Albert nicht. Dieser muss ihm auch nicht zwingend bewusst sein.**(12)** Worauf es im Spiel ankommt, den »Ausdruck«, der ist für ihn bestenfalls ein Abfallprodukt, auf das er keinen Gedanken verschwendet. Er ist, verstrickt in seine Notwendigkeiten, mit etwas ganz anderem beschäftigt: sich seiner Mutter **verständlich zu machen**, ihr mittels der Ironie, die seine Antwort kennzeichnet, klar zu machen, dass sie ihn nervt und besser ihren Mund halten sollte. Albert ist also mit seiner Konzentration bei seinem Gegenüber:

7. Spielen ist gekennzeichnet durch seine kommunikative Struktur.

Mit diesen »vorfigürlichen« Übereinstimmungen, also dem, was eine jede Figur realisiert – verstanden als deren Überführung in Realität –, wird mein Spiel figurenkonform. Es bleibt nicht privat, es wird persönlich. Ich stehe für die Verkörperung der Figur zur Verfügung und kann mich nun – physisch entspannt – auf die eigentliche Figurensuche begeben, ohne den zum Scheitern verurteilten Versuch unternehmen zu müssen, wie die Figur sein oder fühlen oder denken zu wollen. Ich mache das totale Gegenteil:

Ich entwickle die Figur im Bewusstsein von dem, was mich von ihr trennt.

Grenzverläufe

In meiner Kindheit gab es ein beliebtes Spiel – *Vater, Mutter, Kind* –, für das es nichts brauchte außer den daran Beteiligten selbst. Wir Kinder konnten, unabhängig von unserem Geschlecht, wählen, ob wir Vater, Mutter oder eben Kind sein wollten. Was das Spiel zu einem schauspielerischen Vorgang machte, war der Umstand, dass sofort, wenn jemand sich seiner Rolle nicht gemäß verhielt, die Kritik von einem der anderen Kinder kam, dass das der Papa oder die Mama oder das Kind so nicht machen würden. Wir waren uns also nicht im Spiel abhandengekommen, sondern hatten alle(!) Rollen im Hinterkopf stets gegenwärtig und konnten sie während des Spielens abgleichen. Das Spiel war nicht willkürlich, sondern kontrolliert und damit im Prinzip wiederholbar; ein sachlich durchgeführter Vorgang und – ohne dass wir es als ein solches hätten benennen können – ein der Wahrhaftigkeit verpflichtetes Spielen. **(13)**

... alle Kinder sind natürliche Schauspieler.
Viggo Mortensen

Während wir die Rollen also schon »drauf« hatten und uns in sowie mit ihnen frei bewegen konnten, habe ich nur den Text. Um nun unvoreingenommen das »Feld der Figur« betreten zu können, muss ich einen Umgang mit meinem Gefühl der chronischen Bringschuld in dem Sinne finden, dass ich mit meinem Ich auf meiner Seite zurückbleibe. Diese Grenzlinie – wo endet mein Ich, wo beginnt die Figur – ziehe ich schon vor dem ersten Lesen der Szene. Es reicht das noch freundliche, *Dann lesen wir doch mal*, des Regisseurs und schon: Ich setze mich aufrecht hin, ich räuspere mich, ich lege meine Stirn in Falten, ich ziehe einen meiner Füße nach oben und so weiter. Diese »Zurechtrückungen« können kleinste physische Reflexe sein. Stimmlich gehen sie in zwei Richtungen: Zum einen senke ich meine Stimme ab, nehme ihr ihre Kanten, »runde« sie ab, werde leiser, spreche schneller. Ich mache mich unangreifbar, räume das Feld der Figur noch bevor ich es betreten habe und begebe mich auf eine Gefühlsebene, von der ich glaube, dass sie mir eine Sicherheit gibt – eher die »weibliche« Variante. Zum anderen – und das ist die »männliche« – gehe ich in die entgegengesetzte Richtung, mit einer in die Höhe getriebenen Stimme »packe ich den Stier bei den Hörnern«, druckvoll, dynamisch, bestimmt. Die Figur jedoch startet immer unvorbereitet, sozusagen bei null. Ich setze mich also nicht aufrecht hin, ich räuspere mich nicht, ich lege meine Stirn nicht in Falten, ich ziehe einen meiner Füße nicht nach oben und so weiter.

Ich rücke mich nicht zurecht.

Schon für das Lesen gilt: Starte ich unvorbereitet mit dem Text da, wo der Zufall mich gerade »hingeworfen« hat – physisch wie gedanklich(!) –, dann bin ich schon mit der Figur synchronisiert, noch vor jeder sprachlichen Veräußerung.**(14)**

Großer Geist, bewahre mich davor, über einen Menschen zu urteilen, ehe ich nicht eine Meile in seinen Mokassins gegangen bin.
Indianisches Sprichwort

Derart vorbereitet starte ich mit dem Lesen. Den Text selbst lese ich – da eine Figur noch nicht sichtbar ist – so neutral und ausdruckslos wie möglich, egal, wie nah ich mich ihm fühle. Gebe ich dem immer währenden Druck, mich unter Beweis stellen zu müssen, nach und lasse mich hinreißen, den Text mit einem nur behaupteten Gefühl zu »übermalen«, verhindere ich damit die Entwicklung einer, durch ihr konkretes Verhalten gekennzeichneten, Figur. Dieser erste Anstrich bildet die Grundierung, die immer durchschimmern wird. Ich werde im Augenblick des Drehs auf die erzwungen-äußerliche Darstellung des ersten Lesens zurückgreifen müssen, weil ich nichts anderes »in Händen halte« und die Figur, wenn überhaupt, nur intellektuell erklären kann, aber »sie steckt mir nicht in den Knochen«.

Und selbst wenn – wie in der Szene mit Albert – ich den Konflikt von mir kennen sollte, fließt dieses Wissen in die Ausgestaltung der Figur mit ein, die ich dann verkörpere. Mein Spiel ist erfüllt von meiner Persönlichkeit, aber ich agiere nicht privat.

Maria Callas hat in einem Interview auf die Frage, wie sie es denn schaffe, immer das hohe C zu singen, geantwortet, sie singe nie das hohe C, sie erkunde das »Umfeld« des Tones. Damit machte sie zum einen klar, dass sie nicht daran denke, einer von außen an sie gestellten Erwartung Rechnung zu tragen, sich also als gute Sängerin unter Beweis zu stellen und zum andern, dass es nicht um sie gehe, sondern ausschließlich um den Ton (die Figur), also herauszufinden, was diesen wesentlich ausmache. Wo ist das C noch ein C, wo ist der Übergang zum Cis, wo beginnt das Cis ein Cis zu sein und nicht mehr ein C; und das gleiche auf der anderen Seite zum B hin. Sie hat sich inhaltlich verhalten und die Rolle der »Erfüllungsgehilfin« für den Regisseur resp. den Dirigenten verweigert. Die Frage, wie »gut« sie sei, war für sie keine Frage.

Auf Glenn Gould kam der Druck in Form seiner Mutter zu, als sie sein Zimmer mit einem dröhnenden Staubsauger betrat, der sein Klavierspiel vollständig überlagerte. Er hätte die Tür wieder schließen können und weiter üben, aber er erhöhte sogar noch den Druck: In der Folge übte er mit einem so laut aufgedrehten Transistorradio, dass es um die Kategorie »gut – schlecht« nicht mehr gehen konnte. Vollends »zugedröhnt« konnte er nicht mehr hören, was er spielte. Was er entwickelte, war die Vorstellung des richtigen Tones. Später hat er dann aus dieser Vorstellung heraus den Ton »gesetzt«. Der Ton war gewissermaßen schon gedacht, und dieses Denken lag seinem Spiel zugrunde.

Tom Hanks äußerte sich amerikanisch-pragmatisch auf die Frage, was denn ein Schauspieler tun müsse, um erfolgreich zu sein: *Text lernen und gut riechen.* Er schien schon in seinem Selbstverständnis ein Star gewesen zu sein, noch bevor er überhaupt angefangen hatte zu arbeiten.**(15)**

Dieses – im Sinne von sich nicht schämen – unverschämte amerikanische Selbstwertgefühl ist hierzulande kaum anzutreffen. Wir haben – im deutschsprachigen Raum – mehrheitlich andere Probleme. (Diese verkürzte Zuspitzung amerikanisch-deutsch dient nur dazu, die unterschiedlichen kulturellen Prägungen zu benennen.) Ich erwähne sie, weil ich in der Arbeit immer wieder auf dieses Phänomen stoße, dass viele, vornehmlich junge, unzureichend ausgebildete, Schauspieler einem fatalen Missverständnis erliegen: sie müssten nur sie selbst, sprich natürlich sein; guter Typ gleich guter Schauspieler.**(16)** Ihnen erscheint Amerika, insbesondere Los Angeles als der Ort, auf den sie ihre Träume fokussieren. Dagegen möchte ich auch nichts sagen. *Jeder ist seines Glückes Schmied.* Wir gehören aber nicht in die Kategorie number one, und das werden wir nie, wer uns das auch immer – in teuer bezahlten Kursen – glauben machen will.**(17)** Wir starten in der Arbeit an einem Punkt, der eher von Scham und (Selbst-)Zweifeln gekennzeichnet ist.

Um im Erschaffungsprozess der Figur gar nicht erst in den Eingeweiden meines sogenanntes Zentrums, von dem angeblich alles ausgeht, herumzuwühlen, nehme ich der Einfachheit halber an, dass die Figur bereits existiert.**(18)** Ich muss sie in ihrem sozialen Beziehungsgeflecht nur noch, im ursprünglichen Sinne des Wortes, entdecken. Diese Vorgehensweise hat den Vorteil, dass ich von Beginn an meinen Blick auf eine außerhalb von mir liegende Figur richte. Ich beschränke mich nicht darauf, deren Innenleben zum Ausdruck zu bringen, sondern kümmere mich darum, wie es zu diesem kommt.

Folge dem, den du führen willst.
Montesquieu

Trotzdem werde ich in der Arbeit aufgrund fehlender, weiterführender Informationen – ich habe ja nur den Text – immer wieder auch willkürliche Fragen im Hinblick auf die Konkretisierung der Figur stellen müssen, um diese so nach und nach sichtbarer werden zu lassen. Ich werde jedenfalls immer versuchen, aus der zunehmenden Logik der Figur heraus meine Fragen zu stellen, zu beantworten und zu rechtfertigen.**(19)**

Eine nur ausgedachte, vom Effekt ausgehende Gestaltung bringt mich der Figur nicht näher, etwa, *Albert könnte nervöse Zuckungen haben,* oder, *Albert fährt sich immer wieder durch die Haare,* oder,

Albert beißt sich bei Stress auf seine Lippen und so weiter. Diese Art der Charakterisierungen bleiben wie Kunst am Bau, angepappt – und sind nur als Negativabgrenzungen von Nutzen. Bevor wir also in Tom Hanks Fußstapfen treten – gut riechen tun wir schon – und Text lernen, schauen wir uns diesen genauer an. (Drucken Sie ihn sich aus, um ihn für die folgenden Überlegungen immer zur Hand zu haben.)

Stochern im Nebel, zum ersten

Fuck the result!
Sanford Meisner

Albert und seine Mutter haben ganz offensichtlich Streit. Bevor wir dem weiter auf den Grund gehen, können wir eine erste Frage stellen: Was kennzeichnet diese Situation in jedem Falle, unterscheidet sie von anderen Konflikten? Sie ist familiär, das heißt, mein Sprechen und mein Ton sind von einer unangestrengt-unmittelbaren Direktheit, und mein physisches Gebaren ist – da ich alleine bin – keiner sozialen Kontrolle mehr unterworfen. Ich **lasse mich gehen**. Das alles ist unabhängig von Alberts Grad der emotionalen Verfassung.

Egal wie sehr ich in meiner Interpretation der Szene den Konflikt zwischen Mutter und Sohn eskalieren lassen möchte, ich denke also nicht darüber nach, wie ich wirke beziehungsweise ankomme. Das ist insofern ein entscheidender Punkt, als mein privates Gefühl dem der Figur wahrscheinlich diametral entgegensteht. Spätestens in der Castingsituation ist nichts mehr so wie es vorher war. Diese, das Spiel bestimmende, Drucklosigkeit gilt es »einzurichten«, unabhängig von meiner privaten Befindlichkeit, um die ich natürlich weiß. Und ich kann sicher sein – wie schemenhaft die Figur zu Beginn meiner Suche auch noch sein wird –, sofort richtig zu agieren. Ich katapultiere mich noch vor dem ersten Satz auf die Höhe der Figur.

Jetzt könnte ich – willkürlich – annehmen, um meinen Ton weiter scharf zu ziehen, dass Albert keinen Menschen so sehr liebt wie seine Mutter, selbst wenn er ihr im Verlauf des Gesprächs die Schuld gibt, `dass Papa dich verlassen hat`. Er wäre dann durch ihre anmaßende Art, `du hast kein Recht mehr, mich wie ein Kind zu behandeln`, noch verletzter, und das könnte die beleidigende Heftigkeit seiner Antwort, `Du gehst mir echt auf die Eier`, rechtfertigen. Die Szene könnte die Intimität einer Liebesszene bekommen. Es ist ja vorstellbar, dass Albert nach der Trennung der Eltern »in die Fußstapfen« seines Vaters treten musste, zum einen unbewusst von seiner, traurig-verzweifelten, Mutter genötigt, zum anderen von seiner, ihm nicht bewussten, Sehnsucht getrieben, seinem geliebten Vater dadurch wieder näher zu kommen, indem er ihn imitiert. Diese Zusammenhänge könnten ihm in einer späteren Therapie sogar klar geworden sein, aber er ist nach wie vor hoffnungslos in seinen emotionalen Abhängigkeiten verfangen. Das Telefonat könnte als ein Befreiungsschlag verstanden werden, der am Ende scheitert. Es gelingt ihm nicht, sich gegen seine Mutter durchzusetzen, was die beiden letzten Sätze nahelegen. Er legt nicht auf, er droht nur an, `Ich leg jetzt auf, Mama`. Das `Mama` wirkt schon fast wieder wie eine Zurücknahme. Und das `bitte` im letzten Satz, `Und ruf bitte nicht mehr an`, offenbart seine ganze Ohnmacht. Die Szene endet mit einer flehentlichen Bitte und nicht mit dem Auflegen des Telefons. Albert wäre also nicht einfach nur sauer auf seine Mutter, wir hätten es mit einem, zwischen Widerstand und Ohnmacht zerrissenen, jungen Mann zu tun, den ein gebrochenes Selbstwertgefühl kennzeichnet, erfüllt von einer noch tiefer sitzenden Sehnsucht: der des Geliebt-werden-wollens.

... weil Liebe eine unaufhörliche Befragung ist. Ja, ich kenne keine bessere Definition von Liebe.
Milan Kundera

Mit einer solchen Analyse wäre mein Einstieg in die Szene dann noch mal konkreter, mein »Zugriff« auf die Figur erfolgte an einem fortgeschritteneren Punkt ihrer emotionalen Verfassung.

Dieser, den Konflikt radikalisierenden, Art der Figurensuche geht eine willkürliche Annahme voraus, die jedoch, und das ist entscheidend, als Möglichkeit aus dem Text ableitbar ist und logisch weitergeführt werden kann; die Figur setzt Fleisch an.

Alternativ könnte ich natürlich in mich gehen und unter Umständen auch hier fündig werden, was als ein Teil der Figurensuche durchaus effizient sein kann. Aber im Privaten neige ich eher dazu, Konflikte abzuschwächen, Fehlverhalten, gerade von mir nahestehenden, geliebten Menschen zu entschuldigen und das meinige zu rationalisieren. Ich möchte mich doch – verständlicherweise – als, möglichst attraktiven, Gutmenschen wahrgenommen und – wie die Figur – auch nur geliebt wissen.

Da ich aber weiß, dass ich »nur« eine Figur spiele – deren Sehnsucht ich zwar nachvollziehen kann, mit der ich darüber hinaus aber nichts zu tun habe – kann ich es mir leisten, nicht nur konfliktverschärfend zu denken, sondern auch zu handeln. Meine Darstellung – ob auf der Bühne oder vor der Kamera – ist eben mehr als eine Kopie des sogenannten normalen Lebens. Sie ist – wenn sie denn gelingt – deren Zuspitzung; sie ist eine (Ver-)Dichtung.

Massage the wound.
Stephanie Feury

Stochern im Nebel, zum zweiten

Fuck the result!
Sanford Meisner

INNEN/ABEND
ALBERT SITZT IM WOHNZIMMER UND TELEFONIERT MIT SEINER MUTTER.

Informationen zu Ort und Zeit. Schon hier lässt sich ansetzen: INNEN/ABEND. Albert ist also alleine zu Hause, am Tag seines Geburtstags. Hat er keine Freundin, keinen Freund, keine Bekannten? »Macht er keinen drauf«, mit Anfang zwanzig? Warum telefoniert er mit seiner Mutter, wo sie ihn doch erst kurz zuvor, wahrscheinlich am Nachmittag, besucht hat? Ist sie zu »Kaffee und Kuchen« gekommen? Hat sie vielleicht selbst gebackenen Kuchen mitgebracht, den seiner – glücklichen – Kindertage, warmen Apfelstrudel mit Vanilleeis und frischer Schlagsahne? Erinnert er sich noch an diese Zeit, oder hat er sie verdrängt? Geht seine Sehnsucht in diese Zeit zurück, als er sich noch geliebt wusste? Ist es dieses Gefühl, das er bei seiner Mutter sucht und sie deshalb erträgt, weil er die Hoffnung noch nicht aufgegeben hat, dass alles wieder gut werden könnte? Also auch in dieser Variante der Figurensuche ließe sich die tiefer sitzende Sehnsucht des Geliebt-werden-wollens ausmachen. Dann könnte doch Albert, sein Alleinsein am Abend nicht ertragend, seine Mutter angerufen haben. Oder ging es der Mutter – die, so kann vermutet werden, keine neue Beziehung nach dem Weggang ihres Mannes eingegangen ist – wie ihrem Sohn, und sie hat zum Telefon gegriffen?

Wenn es die Mutter war, was wollte sie, nur wissen, wie es ihrem (Geburtstags-)Kind geht? Und/oder hat das Telefonat eher die Funktion einer Kontrolle? Die Sätze, Danke, ich hab dich nicht gebeten, mich zu besuchen, und, Gönn mir mal ne Scheißpause, könnten so gelesen werden. Als sie unangemeldet vor seiner Tür steht, ist Albert alleine. Hat sie sicher sein können, ihn zu Hause anzutreffen, weil er sowieso alleine ist? Ist er ein »Muttersöhnchen«? Was ist das für ein zerfleischendes Verhältnis zwischen Mutter und Sohn, wenn er sie angehen muss, Hör endlich auf, mich für deine Fehltritte im Leben zu beschuldigen? Wie viele Jahre geht das schon so? Wann hat das angefangen? Nach dem Weggang des Vaters? Hat er noch Kontakt zu ihm? Gibt es überhaupt einen Menschen, mit dem er über diese Problematik sprechen könnte? Oder verbietet das die gesellschaftliche Konvention, seine »gute« Erziehung, der gemäß Privates privat zu bleiben habe? Oder würde er es schon gar nicht mehr wagen, darüber zu reden, weil er sich seiner »Unterwerfung« so sehr schämt? Dann wäre dieser Missbrauch durch seine Mutter – denn um den handelt es sich doch offensichtlich – ihm bewusst. Identifiziert er sich mit seinem Vater, sieht er sich an seiner Stelle in der Beziehung? So könnte sich der gedankliche Sprung von, `also hast du auch kein Recht mehr, mich wie ein Kind zu behandeln`, zu, `Kein Wunder, dass Papa dich verlassen hat`, erklären. Dann folgt der – verzweifelte – Versuch des Sich-ihrer-Erwehrens, `Du gehst mir echt auf die Eier`, ein Satz, in dem eine gewisse Erotik mitschwingt. Er hätte ja auch eine neutralere Formulierung finden können, hat sich aber für diese entschieden. Könnte es sein, dass er auch deshalb alleine ist, weil er nur einen Menschen wirklich liebt, seine Mutter? Auf den Aufstand folgt dessen sofortige Zurücknahme, `Jaaa, tut mir leid`. Das langgezogene `Jaaa` allerdings sagt, dass es ihm eben nicht leidtut. Er bleibt in seinem emotionalen Widerstand, sieht sich aber außer Stande, sich zu vertreten. Die Mutter scheint zu merken, dass er nicht aufrichtig ist mit seiner Entschuldigung, und in der Folge demontiert sie ihn vollends, worauf er reagiert mit, `Was? Ich hab doch gesagt, ich nehm's zurück.` Doch die Mutter scheint mit Vehemenz weiter zu machen, sodass er sie nur ohnmächtig zu unterbrechen sucht mit einem zweifachen, `Mama, Mama!` Und er erbittet sich – die Unterwerfung akzeptierend – nicht seine Freiheit, sondern nur eine Pause. In seinem Selbsthass, der sich aus dem Bewusstsein seiner Niederlage speist, macht er aus seinem Geburtstag einen `Scheißgeburtstag`, und es ist aufschlussreich, dass er auf etwas zu pochen scheint, das doch ihm gehört. Er sagt zwar `mein`, aber das kann er nur sagen, weil er in einem Atemzug das, was er einfordert, als wertlos erklärt, und so wird aus dem Geburtstag ein `Scheißgeburtstag`. Er wünscht sich nichts, sondern würde sich mit einer `Scheiß Pause` begnügen. In seiner Zerrissenheit erfolgt ein nochmaliges Aufbäumen, `Halt die Klappe!` Aber er kann das Ende des Telefonats nur androhen, nicht durchführen. Seine Aggression wäre gegen seine Mutter wie gegen ihn selbst gerichtet. Wenn er die beiden letzten Sätze »ins Weinerliche ziehen« würde, bekäme die gegen ihn gerichtete Wut etwas selbstmitleidiges, was im Übrigen auch seine Mutter »auszeichnen« könnte. Die Szene wäre dann durch eine Art Schulterschluss von zwei Verlassenen gekennzeichnet, in der jeder seine Wunden leckte.

Und wenn es Albert war, der angerufen hat? Warum wollte er nochmal mit seiner Mutter sprechen, einfach nur fragen, ob sie gut nach Hause gekommen ist, und erst im weiteren Gespräch ist es dann zu der Eskalation gekommen? Ist schon die Feier mit einer Schuldzuweisung geendet, Hör endlich auf, mich für deine Fehltritte im Leben zu beschuldigen, was er ihr jedoch nicht ins Gesicht sagen konnte, sondern erst Stunden später über das Telefon? Oder ist ihm, nachdem seine Mutter ihn verlassen hat, »die Decke auf den Kopf gefallen«? Die leeren Teller, mit einem Rest von verlaufener, inzwischen angetrockneter Vanillesoße, auf dem Wohnzimmertisch vor Augen, weil er sich nicht aufraffen konnte, sie wegzuräumen, *Mach ich später, hab ja eh nichts mehr vor*? Hat er in dem Augenblick zum Hörer gegriffen, als ihm – mal wieder – klar geworden ist, wie allein er ist, wie verloren in der Welt? War das Geliebt-werden-wollen der Motor, der ihn angetrieben hat? Hat die Mutter ihm dies verweigert und dadurch kam es zum Streit, der auch deswegen so heftig geriet, weil sie ihm seine Abhängigkeit von ihr so klar vor Augen geführt hat?

IM WOHNZIMMER. Gibt es neben einer Küche, einem Bad, einem Flur, ein Schlafzimmer, unter Umständen sogar noch einen Arbeitsraum? Albert lebte also in keiner Studentenbude, wäre mithin berufstätig. In welchem Metier könnte er tätig sein? Oder ist er vielleicht doch Student, und seine Mutter finanziert ihm die Wohnung, hat sie ihm vielleicht sogar zum Studium gekauft? Er käme dann aus einer »besser gestellten« Familie, hätte ein »selbstverständliches« Verhältnis zum Luxus, würde sich dementsprechend souverän bewegen und kleiden, was in krassem Widerspruch zu seiner emotionalen Unsicherheit stehen könnte. Ist die ungewöhnliche Zuwendung der Mutter ein Zeichen von schlechtem Gewissen, ihrem Sohn keine so gute Mutter gewesen zu sein, nachdem die Ehe, wie der Sohn sagt, Ich geb dir die Schuld, in die Brüche gegangen ist? Die Eigentumswohnung wäre dann ein Akt der Wiedergutmachung, der sich allerdings auf das Materielle beschränkte. Wie alt war Albert bei der Trennung der Eltern? Wie langwierig war diese? Ist sein Vater gegangen, weil die Beziehung »zerrüttet« war oder er eine andere, jüngere Frau hatte, was die Eltern ihm aber verschwiegen haben, der Vater, weil er sich tendenziell schuldig fühlt, die Mutter, weil sie sich für die Demütigung schämt? Wenn sie dem Sohn bis heute diese Wahrheit verschwiegen hat, dann weil sie – neben ihrer Scham – ihren Sohn wirklich liebt, weil sie nicht das Bild, das Albert von seinem Vater hat, zerstören möchte? Könnte sie dann aber anderseits ihren Sohn so emotional unter Druck setzen wie sie es tut? Wie sehr hängt dem Sohn die Trennung seiner Eltern noch nach? Wie bewusst hat er sie erlebt? Der Satz, Kein Wunder, dass

`Papa dich verlassen hat`, kann so verstanden werden, dass Albert diesen Prozess (hautnah) miterlebt hat. Kann sein Alleinsein auch hier seine Ursache haben, sich nicht auf eine Beziehung einlassen zu können, weil die Angst, wieder verletzt und verlassen zu werden, zu groß ist? Das Wohnungsgeschenk könnte aber auch eine Erpressung sein, den Sohn damit in die (ewige) Dankbarkeit zu zwingen, weil seine Mutter ihn nicht auch noch verlieren möchte wie zuvor ihren Mann. Dann wäre Alberts Satz, `Ich wohn nicht mehr unter deinem Dach, also hast du auch kein Recht mehr, mich wie ein Kind zu behandeln`, als ein Verweis auf ihre innere Not zu verstehen. Auch die Mutter würde vor allem eines: Geliebt-werden-wollen.

Stochern im Nebel, zum dritten

Fuck the result!
Sanford Meisner

Je nachdem, welche Fragen ich stelle und wie ich sie beantworte, gebe ich die Richtung vor, in die weiter »ermittelt« wird. In der Folge verschaffe ich mir Alternativen, und am Ende entscheide ich, welche Gestalt die Figur annehmen wird. Mit dieser Figur komme ich zum Casting, als jemand, der ein Angebot macht und den seine Haltung zu der Figur kennzeichnet, die er vertritt – das komplette Gegenteil von gut ankommen müssen. Dass ich das darüber hinaus natürlich unbedingt muss, weil ich die Rolle will, ist ja eh klar. Warum bin ich sonst Schauspieler geworden?

Ich könnte auch, bevor ich mich auf das Feld der Figur begebe, die Szene auf ihre Dramaturgie hin befragen: Wie ist die Szene aufgebaut, wie der dramaturgische Verlauf der Dialogführung? Wo sitzen – neudeutsch – die Beats, also die Umschwünge, wo die Brüche, wo die Erkenntnis? Was ist ihre Funktion, was wird eigentlich erzählt?

Die Mutter existiert nur *im off*. Was beabsichtigt der Autor damit? Möchte er den Fokus auf Albert legen und vor allem dessen Entwicklung ins Blickfeld rücken? Aber wie kann ich ohne meine Mutter spielen? Ich brauche ihre Antworten, um mich gesprächsgemäß zu verhalten und der Szene einen ihr entsprechenden Rhythmus zu geben. Bin ich unter Druck – und das bin ich in der Regel immer, wenn ich auf dem Prüfstand stehe –, laufe ich Gefahr, schneller zu sprechen als die Figur und die »Deckungsgleichheit« verrutscht. Ich bin ihr gewissermaßen immer ein Stück voraus, spiele hektischer und zunehmend verkrampfter, und stimmlich rette ich mich in einen festen Ton, der mir Halt geben soll. Je verkrampfter ich physisch agiere, umso gradliniger und schmaler wird mein schauspielerischer Ausdruck. Schlimmstenfalls verkommt er zur reinen Behauptung, mit anderen Worten, ich verliere die physische Präsenz der Figur und pumpe den Text nur noch illustrierend auf. Also muss ich mir »meine« Mutter schreiben. Und im Spiel lasse ich ihre Sätze gedanklich genau ablaufen inklusive der möglichen Zeit, die sie braucht, um auf meine Anschuldigungen antworten zu können, sodass ich reagieren muss und nicht memorierten Text »zum Bes ten gebe«. Die Szene lebt ja nicht unwesentlich davon, dass der Zuschauer sieht, was die wortlose Zeit in Albert anrichtet und wie er sich daraufhin verhält und welche Funktion dem Text dann dabei zukommt, mit welchen Absichten dieser »unterfüttert« wird. Das ist etwas ganz anderes als diesen – mit den besten Absichten – nur anzustreichen. Auf den Text selbst verschwende ich keine Konzentration. Der ist Mittel zum Zweck, und am Ende spreche ich ihn einfach nur klar und deutlich. Die Mitteilung ist insofern sachlich, als ich mich auf meine Mutter hin verhalte und mich dieser verständlich mache. Ich bin mit meiner hundert prozentigen Konzentration bei ihr.**(20)** Ohne diese kommunikative Struktur fällt die Szene augenblicklich in sich zusammen und meine Darstellung kommt über ein Posieren nicht hinaus.

The white between the lines.
Stephanie Feury

Oft gibt es in Szenen ein Missverhältnis von der beabsichtigten (dramaturgischen) Wirkung, die ein Text haben soll und seiner sprachlichen Umsetzung. Ich muss einen Text sagen, den die Figur eigentlich nicht sagen würde. Wenn – ich persönlich – die vorliegende Szene lese, stoße ich mich konkret an zwei Sätzen: `Du gehst mir echt auf die Eier`, und `Halt die Klappe!` Ich glaube nicht, dass ein erwachsener Sohn so mit seiner Mutter spricht. Er könnte beispielsweise sagen, *Ich weiß ja, was du sagen willst,* oder, *Komm Mama, leg doch mal ne andere Platte auf,* oder, *Mama, ich will nichts mehr davon hören, es reicht mir,* sodass also bei aller Emotionalität eine rote Linie nicht überschritten würde, was die Wortwahl angeht. Ich kann mir zwar vorstellen, wohin der Autor mit der Szene möchte, aber für den beabsichtigten Effekt opfert er die Logik der Figur auf.**(21)** Oder aber der Autor hat genau das intendiert, dass die Figur sich bewusst entscheidet, in dieser Situation so zu reden. Wie auch immer, ich habe nur diesen Text, und mir bleibt als Schauspieler nichts anderes übrig, als diesen – unabhängig vom Autor – zu rechtfertigen, ihm eine Notwendigkeit zu verleihen.**(22)** Mit diesen beiden Sätzen täte sich ein Graben zwischen Mutter und Sohn auf, der nicht mehr zuzuschütten wäre. Die Beziehung wäre damit quasi beendet, die »Abnabelung« des Sohnes von seiner Mutter endgültig (erfolgreich) vollzogen. Dann fände die Szene hier ihren zweifachen Kulminationspunkt: Da zwischen dem ersten Beat, `Du gehst mir auf die Eier`, und dem zweiten, `Halt die Klappe!` eine halbherzige Entschuldigung, `Jaaa, tut mir leid`, eine weitere Zurücknahme, `Was? Ich hab doch gesagt, ich nehms zurück`, und ein flehentlicher Anruf, `Mama, Mama!` mit einer entschuldigenden Erklärung, `Es ist mein Scheißgeburtstag, gönn mir mal ne Scheiß Pause!` liegt, muss der zweite eine andere »Temperatur« haben. Albert nimmt seine Mutter in die Verantwortung, `Ich geb dir die Schuld.` Der erste Beat könnte ihm in seiner Erregung sozusagen rausgerutscht sein, und die eigentliche Bedeutung des Satzes muss ihm da noch nicht bewusst gewesen sein. Dadurch jedoch, dass seine Mutter derart gnadenlos reagiert, wäre der zweite dann das Ergebnis einer bewussten Entscheidung und wäre durch eine andere Klar- und Entschiedenheit des Tons gekennzeichnet. Dass er den nicht durchhält und wieder einbricht, dass er also (noch) nicht so stark ist, wie er es kurz zuvor sich glauben machen wollte oder gar geglaubt hat zu sein, macht die Figur nur umso tragischer. Eingeleitet wäre diese Entwicklung vor, `Ich geb nicht ihm die Schuld.` Die Mutter scheint bis dato wohl davon ausgegangen zu sein, dass ihr Sohn wie sie den Vater für den Schuldigen hält. Albert könnte hier sich durchgerungen haben, seiner Mutter (erstmalig) »die Stirn zu bieten«, umso mehr, als er sich durch das Telefon vor ihr in einem sicheren Abstand wähnt. Dann wäre hier der erste Beat anzunehmen und der Satz, `Du gehst mir echt auf die Eier`, dessen emotionaler Höhepunkt. Unter was für einem Druck muss die Figur stehen, wie dünnhäutig ist sie. Offensichtlich braucht es ganz wenig, und der Firnis der »Kultürlichkeit« bekommt Risse und platzt dann derart unvermittelt.

An welchem Punkt ist die Figur zu Beginn der Szene und an welchem am Ende? Was für eine emotionale Entwicklung macht die Figur in dieser relativ kurzen Szene durch, genauer gesagt: widerfährt ihr? Sie sieht sich genötigt, sich mit dieser auseinanderzusetzen und wenn sie dazu noch nicht in der Lage ist, sie zumindest zur Kenntnis zu nehmen. Diese Passivität gestalte ich, nicht indem ich Alberts Tragik – das Ergebnis – gestalte, sondern nur den Verlauf – das Tun –, der zu diesem führt, nachzeichne.

Stochern im Nebel, zum vierten

Fuck the result!
Sanford Meisner

Es könnte aber auch sein, dass ich mit meiner Verortung der zwei Beats falsch liege, einfach weil junge Menschen heute so mit ihren Eltern reden wie Albert es tut. Die Szene würde dann allerdings sehr viel linearer, ohne größere emotionale Ausschläge verlaufen – was nicht falsch sein muss, aber auch nicht so spannend. Im Prinzip könnte jeder Satz der Mutter ein (schwacher) Beat sein, die so den Verlauf der Szene bestimmte und Albert sich weitestgehend in der Reaktion auf sie sähe. Die Szene bekäme eine größere Selbstverständlichkeit, wäre gewissermaßen normaler im Sinne von alltäglicher.

Nicht wenige Schauspieler meinen, dass es ausreiche, sich ebenso wie Albert nur ganz »normal« geben zu müssen, um dem Anspruch des Authentischen genüge zu leisten. Doch sie verwischen den Grenzverlauf, indem sie die Figur zu sich ran ziehen, und ihr Spiel bleibt in der Wirkung unentschieden und konturlos. Dieses grundsätzliche Missverständnis, dem sie erliegen, zeigt sich unter anderem darin, dass sie in ihrer Alltagskleidung zum Casting kommen – sie bleiben im wahrsten Sinne des Wortes im Privaten stecken. Was könnten sie nicht über die Kleidung alles erzählen, worum sie sich dann im Spiel nicht mehr kümmern müssten?

Albert könnte, alleine lebend, ohne weitere – ihn korrigierende – soziale Kontakte, als »Schluffi« im Trainingsanzug auf Strümpfen daherkommen, (seine Schuhe stehen immer draußen auf einer Matte vor der Wohnungstüre), sich, auf dem Sofa fläzend, mit seiner Mutter telefonieren und das absolut lustlos, ihrer überdrüssig, ihre sich ewig wiederholenden Anwürfe nur noch an sich abperlen lassend. Auch ein solcher Mensch könnte aus dem Text herausdestilliert werden. Und es könnte einen ganz eigenen Reiz haben, die Szene dann ohne einen einzigen Beat zu spielen.

Albert könnte aber auch, nur um ins andere Extrem zu gehen, als wohlhabender junger Mann aus gutem Hause, modebewusst über einem schlichten, weißen T-Shirt einen grau-glänzenden Markenanzug tragen und dazu einfache, unifarbene Turnschuhe, die er selbstverständlich in der Wohnung trägt, denn bei ihm putzt einmal wöchentlich auch die Frau, die schon für seine Mutter arbeitet und von dieser bezahlt wird – schwarz natürlich. Und das Kostüm weiterspinnend: Was wäre eigentlich, wenn das »Muttersöhnchen« Albert schwul wäre?**(23)** Das ist aus dem Text nicht direkt ableitbar, wäre aber eine konfliktverschärfende Variante.

Look for the risk.
Stephanie Feury

Und was wäre, wenn seine Mutter nicht wüsste, dass er schwul ist? Wenn das »sein« Geheimnis wäre, wie die Mutter »ihres« hätte, seinerzeit für eine jüngere Frau von ihrem Mann verlassen worden zu sein. Wenn sich also beide in ihrer Scham wiederfänden, die sie ständig bemüht wären, nicht an die Oberfläche kommen zu lassen?**(24)** Damit wären sie – neben allem anderen – vorrangig beschäftigt, nicht zu zeigen, wer sie sind. Was bedeutete das für die Art und Weise, wie sie andere, unverfängliche Seiten von sich bewusst offen legten, um vom eigentlichen abzulenken? *Schön, dass du gekommen bist. Und meinen Lieblingskuchen hast du auch gebacken. – Ich habe sogar noch eine Kühltasche gekauft, damit das Eis nicht schmilzt. Lass ihn dir schmecken, mein Schatz. – Danke dir, das ist das schönste Geschenk, das du mir machen konntest.* Wie sehr wäre ihnen klar, dass den solcherart geäußerten Wahrheiten die Funktion einer Lüge zukäme? Welch eine Dramatik wäre im vermeintlich Normalen auszumachen? Wenn ein derart konturierter Albert, `Du gehst mir auf die Eier`, sagte, bekäme der Satz nochmal eine ganz andere Schärfe. So wie Albert, dessen Verhalten von seiner Angst bestimmt ist, dass seine Mutter ihm ihre Liebe entziehen könnte aufgrund seines nicht »standesgemäßen« Lebenswandels, muss nun auch sie befürchten, die seine zu verlieren. Und alles, was die beiden antreibt, ist doch eben nur das eine: Geliebt-werden-wollen.

Jeder Mensch hat irgendeine Lebenslüge.
Jochen Busse

Aber ebenso wäre denkbar, dass die Mutter von der Homosexualität ihres Sohnes weiß, der Vater aber nicht, und das hat die beiden bis zu dem heutigen Tag zusammengeschweißt. Dann läge der (einer »Revolution« gleichkommende) Beat der Szene vor, `Kein Wunder, dass Papa dich verlassen hat.` Und die nachfolgenden Sätze wären aus einer Haltung heraus gesprochen, die die endgültige Zersetzung der Beziehung zu seiner Mutter bezeugten. Wir hätten es hier mit einem Albert zu tun, der sich emanzipiert, der erwachsen würde – das wäre die eigentliche dramaturgische Funktion der Szene. Die verletzenden Sätze, `Du gehts mir auf die Eier`, und, `Halt die Klappe!` wären bewusst gesetzte Einschnitte, um so seiner Mutter klar zu machen, wie ernst er es meint, und das, `bitte`, im letzten Satz, `Und ruf bitte nicht mehr an,` wäre in dieser Lesart der Szene Ausdruck seiner am Ende wiedergewonnenen Souveränität, mit der er sich endgültig abnabelt.

Doch auch eine Szene mit »Schluffi«-Albert wäre nicht weniger dramatisch in ihrer Durchführung, nur weil in ihr keine Beats auszumachen sind. Dieser Albert könnte doch schon innerlich aufgegeben haben, nachdem ihm klar geworden, genauer: ihm nichts anderes übrig geblieben ist, als sich klar machen zu müssen, dass das, was er sich über die Jahre erträumt hat, Geliebt-werden-wollen, von seiner Mutter (und seinem Vater) nicht zu haben sein würde. In seiner Erscheinung wäre er gewissermaßen der Negativabdruck seiner Sehnsucht. Diese Erkenntnis könnte unter dem Gespräch mit seiner Mutter liegen und in ihm weiter wüten. Während er seinen zur Schau gestellten, interesselosen Gleichmut als eine Schutzhülle über seinen Schmerz zöge, würde er gleichzeitig die Reste der angetrockneten Vanillesoße auf den noch vor ihm stehenden Tellern, auch dem seiner Mutter, ablecken und unbefriedigt, immer noch hungrig, zurückbleiben! Er würde also einerseits seine Unabhängigkeit demonstrieren und gleichzeitig – verzweifelt – seiner (Sehn-) Sucht erliegen. Was für eine Dramatik, die ohne einen einzigen – spektakulären – Beat erreicht wird, nur durch die »Anordnung« und die »Durchführung« mehrerer, die Figur kennzeichnenden, – parallel verlaufender – Handlungen (**25**).

Vorstellbar wäre also auch ein ganz anderer Albert, der, inzwischen viel zu dick, sich regelrecht einen Schutzpanzer angefressen hätte. Gerade weil er die familiäre Situation illusionslos analysiert, ist er in eine andauernde Depression gerutscht. Aus Angst vor weiteren seelischen Verletzungen sähe er sich außerstande, sich auf eine (erste, eigene) Beziehung einzulassen. Trotz seinem Wissen um seine Situation, bliebe er nur in der Reaktion auf seine Emotionen, die ihn beherrschten.

In meiner Darstellung des Albert würde ich mich um diese, wie gesagt, zu keinem Zeitpunkt kümmern, geschweige denn gestalten, sie kommen gewissermaßen gar nicht vor.**(26)**

Stochern im Nebel, zum fünften

Fuck the result!
Sanford Meisner

Ich könnte eine Figur, je nachdem welche parallel verlaufende Handlungen ich anordne respektive schichte, in – theoretisch – jede Richtung ausformen. Das Telefonat, das »Schluffi«-Albert mit seiner Mutter führt, ist natürlich »tragisch«. Die Tatsache aber, dass er währenddessen an den Resten der angetrockneten Vanillesauce auf seinem Teller leckt, ist »komisch«. Durch weitere – auf den ersten Blick damit nicht in Zusammenhang stehende – Handlungen kann ich die Figur Albert ins Lächerliche oder aber auch die Szene ins Komödiantische bis hin zur Farce ziehen:

Es könnte doch sein, dass Albert, während er nur noch halbherzig den zum x-ten Mal geäußerten Tiraden seiner Mutter zuhört, den Hörer immer wieder vom Kopf weghält und nur ab und zu ans Ohr nimmt, um sich zu vergewissern, wo sie gerade in ihrem nicht enden wollenden Monologisieren angekommen ist, diese Passage dann, sie imitierend, stumm mitspricht und anschließend mit einem Kommentar versieht, der keinen Zweifel zulässt: seine Mutter kotzt ihn nur noch an. Dergestalt gelangweilt hängt er auf dem Sofa ab. Da fällt eine durch den Raum brummende Fliege in sein Auge. Sie lässt sich auf einem der Kuchenteller nieder und macht sich an »seiner« Soße zu schaffen. Zu faul, sich aus dem Sofa zu erheben, versucht er über den Satz, `Wenn dir das Probleme bereitet, dann hättest du nicht kommen sollen`, mit dem Fuß, die Fliege zu verscheuchen. Das gelingt ihm zwar, aber sein Filzpantoffel landet in der Glasschale mit der inzwischen verflüssigten Sahne, die auf dem immer noch nicht abgeräumten Wohnzimmertisch steht. Lustlos quält er sich in eine sitzende Position, muss dann allerdings den Hörer wieder ans Ohr halten und mit, `Was?` nachfragen, weil er nicht mitbekommen hat, was seine Mutter gesagt hat. Einen kurzen Moment steht er mit dem sahneverschmierten Hausschuh in der Hand unschlüssig da, ob er ihn jetzt putzen soll oder nicht, entscheidet sich dann aber – in seiner aufsteigenden Wut – der Fliege durch den Raum hinterher zu jagen. Nach ...`also hast du auch kein Recht mehr, mich wie ein Kind zu behandeln`, schlägt er nach der Fliege, die sich auf der Wand niedergelassen hat. Brummend entwischt sie ihm, und Albert starrt – fassungslos – auf den Fettfleck, den sein Schuh auf der weißen Raufasertapete hinterlassen hat. Jetzt ist er hellwach, ansatzlos! *Dieses Scheißvieh kriege ich!* Durch seine Konzentration auf das Tier, das ihm auch beim nächsten Versuch wieder entwischt, bekommt sein Ton jene lapidare Beiläufigkeit, die im krassen Gegensatz steht zu dem, was er inhaltlich sagt und somit komisch wirkt. Inzwischen hat er die Fliege an der Decke sitzend entdeckt. `Ich geb nicht ihm die Schuld.` Er holt ein Sofakissen und wirft es mir großem Schwung an die Decke, doch die Fliege ist natürlich schneller. `Ich geb dir die Schuld.` Er hat nur noch Augen für diese, in seinen Augen, vollkommen völlig überflüssige Kreatur. `Du gehst mir echt auf die Eier`, ruft er ihr hinterher, was seine Mutter natürlich missversteht. Ihre Reaktion holt Albert zurück »in die Realität«, ohne dass er die Verfolgungsjagd der Fliege auch nur eine Sekunde lang unterbrechen würde! Er lenkt ein, aber nur halbherzig. Doch der Streit mit seiner Mutter

In der Komik geht nichts über die Figur.
Charlie Chaplin

eskaliert, da seine beiläufig gesprochenen Entschuldigungen, Jaa, tut mir leid, und, Was? Ich hab doch gesagt, ich nehms zurück, für sie nicht glaubwürdig genug sind. Jetzt hat er neben der Fliege auch noch einen Streit mit seiner Mutter am Hals, und er wollte doch nur seine Ruhe! In einer Mischung aus Ehrgeiz und Wut, diesem elendigen Vieh endlich den Garaus zu machen, kommt ein flehentliches, Mama, Mama! Dann, während er die Fliege weiter jagt, Es ist mein, und auf, Scheißgeburtstag, schleudert er das zweite Sofakissen mit aller Wucht nach der Fliege, trifft aber nur die über dem Wohnzimmertisch hängende Lampe – und die Glühbirne, verteilt sich in kleinsten Splittern über dem Tisch, auf den Tellern und der Sahne. Überdies steht er jetzt auch noch im Dunkeln! In seiner Cholerik, die von ihm Besitz ergriffen hat, ist er nicht mehr zu bremsen. Er hat kein Ohr mehr für die Vorwürfe seiner Mutter. Er brüllt sie einfach nur an, zum ersten Mal in seinem Leben! Halt die Klappe! Ein Satz, den er, total überfordert, einfach nur bestätigt, Ja, du hast mich gehört. Und während er noch überlegt, in die Küche zu gehen, dort nach einer neuen Glühbirne zu suchen und Kehrblech, Besen oder doch besser gleich den Mülleimer zu holen, fährt er fort, Ich lege jetzt auf. Er hat seine Mutter komplett ausgeblendet. Mit seiner ganzen Konzentration geht er auf die Pirsch, die jetzt wieder auf der Wand sitzende Fliege im Blick. Und diesmal ist er schneller, er schafft es, er schlägt sie tot, mit seiner bloßen Hand! Was für ein Sieg! Teuer erkauft allerdings, steht er doch vor dem getöteten Tier, das in einem fetten Blutfleck auf der Tapete klebt. Aber das ficht ihn nicht an, nicht nach dieser Schlacht. Ich leg jetzt auf. Grimmig befriedigt wiederholt er den Satz, Ich leg jetzt auf, Mama. Das, Mama, kommt einem Triumph gleich. Und den verwüsteten Raum, aufrecht wie ein Feldherr das Schlachtfeld, verlassend, kommt ein, keinen Widerspruch duldendes, Und ruf bitte nicht mehr an.

Nichts ist komischer als das Unglück.
Samuel Beckett

Das ist eine Version, die gewissermaßen gegen den Text inszeniert wäre, aber sie wäre möglich – und sie würde Spaß machen. Für den schauspielerischen Vorgang ist vor allem eines interessant: Ich »bediene« nicht die Komik, indem ich komisch spiele. Ich habe »nur« ein Problem zu lösen. Je größer meine Not ist, umso größer die Komik. Und auch hier gilt: Die Figur vollzieht nur den Konflikt, nicht dessen Interpretation.

Stochern im Nebel, zum sechsten

Aus welcher Wäsche Albert letztendlich wie schaut, er wird nicht unwesentlich darüber konturiert werden, was seine Mutter sagt und wie meint. Auch über deren »Materialisierung« kann ich die Figur konkretisieren.

Fuck the result!
Sanford Meisner

An welchem (emotionalen) Punkt sind die beiden in ihrem Gespräch inzwischen angelangt, dass Albert derart ironisch auf seine Mutter reagiert oder vielleicht auch schon gar nicht (mehr) anders kann? `Danke, ich hab dich nicht gebeten, mich zu besuchen.`

Bis zu diesem Zeitpunkt ist das Telefonat wahrscheinlich unspektakulär verlaufen. Um was könnte es in dem Gespräch gegangen sein? Sie könnte – ganz undramatisch – die Kühltasche in seiner Küche vergessen und hat deshalb nochmal bei ihm angerufen haben. Er könne sie ihr doch morgen Abend vorbeibringen. Dazu hat Albert keine Lust. *Das ist doch jetzt nicht zu viel verlangt, ich bin extra gestern noch mal los und hab sie gekauft, um dir damit eine Freude zu machen.* Derart moralisch in die Pflicht genommen – die Mutter rechnet ihre Zuwendung gewissermaßen gegen –, reagiert er, noch souverän, in einem leicht ironischen Ton, `Danke, ich hab dich nicht gebeten, mich zu besuchen.`

Ich bin immer nur so gut wie mein Gegenüber.
Mario Adorf

In dieser Lesart gehe ich davon aus, dass Mutter und Sohn wohl in derselben Stadt wohnen. Ihre Bitte wäre eine andere und ihr Ton etwas einfordernder, wäre sie mit dem Auto aus der Provinz angereist und er lebte in einer (Universitäts-)Stadt. Dann könnte sie ihm sagen, dass er am Wochenende ruhig mal wieder zu ihr kommen könne, wo sie, die doch so ungern Auto fahre, extra den langen Weg auf sich genommen habe, um ihm eine Freude zu machen und vor Alberts zweiter Replik, `Wenn dir das Probleme bereitet, dann hättest du nicht kommen sollen`, hätte sie – sich zum Opfer machend – den moralischen Druck erhöhen können, sie sei ja *schon sooo lange alleine,* seit der Papa sie verlassen habe. Dazu hätte Albert noch weniger Lust. Aber seine Wortwahl könnte auch in dieser Variante dieselbe sein.

Der erste Beat wäre der Satz der Mutter, der bei Albert das, `Was!?` hervorruft. Der fehlende Punkt nach Alberts Satz, `Wenn dir das Probleme bereitet, dann hättest du nicht kommen sollen`, kann so verstanden werden, dass die Mutter ihren Sohn unterbricht, und das gleichzeitige Ausrufe- und Fragezeichen nach, `Was!?` ist ein Hinweis auf die Heftigkeit, mit der die Mutter ihren Sohn anfährt.**(27)** Sie scheint einen grundsätzlichen Konflikt anzusprechen, der ihrer beider Verhältnis einerseits kennzeichnet, andererseits – Albert wohl bis zur Unerträglichkeit – belastet und gegen den er sich zur Wehr setzt, `Hör endlich auf, mich für deine Fehltritte im Leben zu beschuldigen.` **(28)** Das, `endlich`, in Verbindung mit einem Imperativ – der Mutter gegenüber! – zeigt, wie sehr dieser nie geklärte Konflikt in Albert gärt, wie sehr er unmittelbar reagieren muss, als hätte die Mutter – wie der Zahnarzt beim Bohren – an den Nerv gerührt. Die Souveränität der Ironie ist von jetzt auf gleich weg, er reagiert ohne eine emotionale »Anwärmphase«.**(29)** Er zeigt sich von einer ganz neuen Seite. Auf was für Fehltritte könnte er sich beziehen? Könnten diese mit der gescheiterten Beziehung seiner Eltern in Zusammenhang stehen? Könnte er vielleicht schon als Kind zwischen die Stühle einer jegliches Vertrauen zerstörenden Ehekrise geraten sein? War seine Mutter nach der Geburt nicht mehr die Frau, in die der Mann sich verliebt hatte? Hat seine Mutter ihren Sohn in dem Sinne instrumentalisiert, als sie das vermeintliche Wohlergehen für das gemeinsame Kind ins Feld geführt hat, um ihren Mann bei sich zu halten? Und als dieses Argument bei ihm nicht gegriffen hat, als ihr klar wurde, dass sie ihn verloren hatte, hat sie erst daraufhin die Beziehung zu ihrem Kind über die Beziehung zu ihrem Mann gestellt? Anders gefragt: Glaubt sie, sie hätte ihren Mann halten können, wenn sie kinderlos geblieben wäre? Eine solche Wahrheit hätte Albert »in die Knie gezwungen«. Wie oberflächlich müsste diese Beziehung der Eltern dann gewesen sein? War die Mutter – um das Klischee weiter zu spinnen – eine allseits begehrte, schöne Frau, die sich vornehmlich über ihre körperliche Attraktivität definiert und sich den wohlhabendsten Mann ausgeschaut hat beziehungsweise der auch sie? Hat sie ihren Sohn in der Folge für die Trennung verantwortlich gemacht – ausgesprochen oder auch nicht –, dass sie nur für ihn auf ihre Liebe, gar auf ihr Leben verzichtet hat und das im Bewusstsein ihres zunehmenden Alterns? Ist dieser Missbrauch Albert bewusst? Liebt er sie trotzdem (noch)? Hatte er überhaupt eine Wahl, sich (als Kind) entscheiden zu können? Musste er vielleicht sogar seine verlassene Mutter trösten? Speist sich die Heftigkeit seiner Reaktion aus dem Bewusstsein seiner emotionalen Abhängigkeit und trägt dieses so zur Verschärfung des Konflikts bei? Derart angestochen fährt er fort, `Ich wohn nicht mehr unter deinem Dach, also hast du auch kein Recht mehr, mich wie ein Kind zu behandeln.` Dieser Konflikt scheint schon seit Jahren zu schwelen und ist nun – erstmalig – ausgebrochen. Vielleicht ist der Vater gegangen, als der

Sohn in die Pubertät kam. Interessanterweise scheint der Sohn aber davon auszugehen, dass seine Mutter ihm zu Recht diese Vorwürfe machen konnte, solange er zu Hause lebte. Das ist aber nun auch schon einige Jahre her, und die Mutter behandelt ihn nach wie vor wie ein Kind. Möglicherweise kann sie sich auch gar nicht anders verhalten, ist sie doch durch den Weggang des Sohnes nun endgültig alleine. Das Abhängigkeitsverhältnis der beiden hat sich gedreht. Jetzt braucht sie ihren Sohn. Ihre Not wird mit der Dauer ihres Alleinseins immer größer, sie muss ihren Sohn, das einzige, was ihr geblieben ist, bei sich behalten, und dementsprechend heftig fällt sein Widerstand aus. Wahrscheinlich fällt ihr die Decke auf den Kopf, alleine in dem großen Haus, um das es sich wohl handelt, denn Albert sagt, ...`unter deinem Dach`. Vielleicht ist ihr das Haus bei der Trennung zugesprochen worden. Sie hat genügend Geld und muss nicht arbeiten. Sie langweilt sich. Sie hat nur ihr Kind. Sie könnte ihm gesagt haben, *Du könntest dich deiner Mutter gegenüber ruhig ein wenig dankbarer zeigen, bist du mir doch immer wichtiger gewesen als dein Vater. Wenn ich mich nicht für dein Glück zurückgenommen hätte...du musstest in deinem Leben noch auf nichts verzichten!* Das könnte Albert zu seiner heftigen Reaktion veranlasst haben, die schlüssig in dem Satz mündet, `Kein Wunder, dass Papa dich verlassen hat`. Es spricht für Alberts außerordentliche Erregung, dass in der Szene diese Passage die längste ist, in der er an einem Stück spricht. Die Mutter könnte, da sie mit diesem heftigen Ausbruch nicht rechnen konnte, zurückrudern, indem sie die Schuldstafette – mal wieder – an ihren (Ex-) Mann weiterreicht, *Ich war doch damals noch so jung, als ich mich in deinen Vater verliebt habe und hab gar nicht gemerkt, dass Papa gar nicht mich gemeint hat. Er ist sich halt selbst der nächste, und wir beide sind immer erst an zweiter Stelle für ihn gekommen.* Diese Sicht auf die Dinge scheint in der Vergangenheit Konsens zwischen Mutter und Sohn gewesen zu sein. Und nun, offensichtlich zum ersten Mal, sagt Albert, was er vielleicht sogar schon immer gedacht hat: `Ich geb nicht ihm die Schuld. Ich geb dir die Schuld.` Gerade der zweite Satz zeigt, dass er sich zuvor so explizit noch nicht seiner Mutter gegenüber geäußert hat. Diese dezidierte Schuldzuweisung führt auch ihm seinen Missbrauch durch die Mutter nochmal vor Augen und dementsprechend fährt er emotionalisiert fort, `Du gehst mir echt auf die Eier`. Der Satz ist »drüber«, und sie reagiert nun ihrerseits sofort, ihn wieder unterbrechend, *Was fällt dir ein. So redest du nicht mit deiner Mutter!* was eine halbherzige Entschuldigung Alberts nach sich zieht, halbherzig deshalb, weil er weiß, dass er in der Form nicht korrekt ist, aber in der Sache nicht nachzugeben gedenkt, und deshalb beginnt der Satz mit dem langgezogenen, `Jaaa`, und dann folgt die Entschuldigung, `tut mir leid.` Die Mutter unterbricht ihn wieder, der Streit eskaliert weiter, *Du entschuldigst dich jetzt und zwar richtig. Was nimmst du dir heraus, so mit mir zu reden und das nach allem, was ich für dich getan habe. – Also ich höre!* Albert macht zwar einen Rückzieher, aber entschuldigen tut er sich nicht, er sagt nur, `Was? Ich hab dir doch gesagt, ich nehms zurück.` Doch die Mutter ist nicht zufrieden gestellt. Jetzt ist sie es, die ihrer Verletztheit freien Lauf lässt, *Du liebst mich auch nicht. Ich bin für euch doch nur der Mülleimer, in dem jeder seinen Dreck entsorgt. Doch wenn es einmal um mich geht, dass auch ich Bedürfnisse habe...wenn ich es wage zu sagen, dass auch ich ein bisschen geliebt werden möchte, dann kommt nichts mehr, dann herrscht Funkstille am anderen Ende.* Und mit tränenunterdrückter Stimme fährt sie fort, *Jeder denkt nur an sich, und ich hab die besten Jahre meines Lebens für dich aufgeopfert...* Albert weiß dem Redeschwall seiner Mutter nur noch mit einem zweifachen, `Mama, Mama!` zu begegnen. Und sein weiteres Argument, `Es ist mein Scheißgeburtstag,` ist in seiner ohnmächtigen Wut nicht nur gegen die Mutter, sondern vor allem auch gegen ihn selbst gerichtet, in dem er seinen Geburtstag zu einem, `Scheißgeburtstag`, herabwürdigt. Der zweiten Teil des Satzes, `gönn mir mal ne Scheiß Pause!` erreicht seine Mutter nicht mehr. Sie ist nicht zu stoppen, *Nur ich, ich hab nie eine Pause, ich bin immer für dich da, und das weißt du, aber du kennst keinen Dank, du trampelst auf mir rum wie dein...* Albert scheint seine Mutter wohl so gut zu kennen, dass nur eine Ungebührlichkeit seinerseits ihr Einhalt gebieten kann, und so verletzt er sie bewusst mit, `Halt die Klappe!` Das Ausrufezeichen könnte so interpretiert werden, dass er seine Mutter in dem Moment sogar anschreit. Die Folge könnte ein langes Schweigen am anderen Ende der Leitung sein. Sie hat dem offensichtlichen Bruch der Beziehung zu ihrem Sohn nicht nur nichts entgegenzusetzen, sie kann ihn nicht einmal als ein solchen anerkennen. *Das hast du nicht wirklich gesagt, Albert. Das warst nicht du. Das habe ich nicht gehört, nein.* `Ja, du hast mich gehört.` Albert ist jetzt derjenige, der das Geschehen bestimmt, er ist nicht mehr in der Reaktion. `Ich leg jetzt auf,` und schon – in ihrer unendlichen Panik vor dem Alleinsein – unterbricht sie wieder ihren Sohn, *Das kannst du nicht ernsthaft meinen, bitte, du bist doch mein kleiner Albert. Albert, hast du denn all das Schöne, dass uns...* `Ich leg jetzt auf, Mama. Und ruf bitte nicht mehr an.` Am Ende des Telefonats hat Albert seine Souveränität wieder gefunden, und sein, `Mama`, könnte voller verständnisvoller Wärme sein. Aber in der Sache bliebe er hart. Und daran änderte auch das, `bitte`, im letzten Satz nichts mehr. In dieser Variante läge der entscheidende Beat vor dem, `Halt die Klappe!` Damit zöge er die Trennungslinie zu seiner Mutter.

Albert kommt als Kind in und geht als Erwachsener aus der Szene. Das ist deren dramaturgische Funktion; das ist die Geschichte, die erzählt wird, von der nur der Schauspieler – in mir – weiß. Die Figur – in mir – weiß von der Geschichte ihrer vollzogenen Emanzipation nichts, sie hat keinen blassen Schimmer davon, dass sie diese Entwicklung durchlaufen wird. Wie ein Slalomläufer beim Ski, der – aufgrund des rasanten Tempos, das seine hundertprozentige Konzentration in Anspruch nimmt – immer nur die nächste, vor ihm liegende Fahne in seinem Blickfeld hat, um hoffentlich irgendwann ohne Sturz sein Ziel zu erreichen. Alle Entscheidungen der Figur erfolgen im Augenblick. Diese weiß im Bruchteil der Sekunde vorher noch nicht, dass sie sich jetzt so wird entscheiden müssen.

Ich versuche immer das auszudrücken, was hinter den Noten steht.
Mauricio Pollini

Wie gesagt, die Figur bleibt naiv zurück. Ich, der ich sie in dieser Naivität »führe«, weiß – natürlich – in jedem Moment ihrer Verkörperung, wo sie sich gerade befindet und wo ihre Reise hingeht; ich weiß um die Geschichte, die ich mit dieser Figur erzähle.

Wir versuchen, der Geschichte gerecht zu werden.
Ethan Coen

Diese Gleichzeitigkeit von »Ich« und »Figur« kennzeichnet den schauspielerischen Vorgang, der durch das ständige Flirren zwischen diesen beiden Polen, wie eine Glühbirne, zum Leuchten gebracht wird.

Und jetzt Sie

Sie haben bisher noch nichts »gebracht« und doch halten Sie schon mehr verwertbares Material in Händen, als Sie wahrscheinlich verwenden werden. Dabei sind so viele Fragen noch nicht gestellt, zum Beispiel die für Alberts Sozialverhalten sehr wichtige: Ist er ein Einzelkind? Hat er gelernt, sich ein- und auch mal unterzuordnen, zurückzutreten, oder hat er immer alles bekommen, was er wollte? Ist er, trotz seiner offensichtlichen (inneren) Unfreiheit, in seinem Auftreten dominant, vielleicht sogar anmaßend? Wenn ja, wie mache ich diesen vermeintlichen Widerspruch in meinem Spiel sichtbar?

Diese Art der Fragen sind auch deswegen wichtig, weil sie die Vorstellung vom physischen Gebaren der Figur weiter konkretisieren, also von dem, was diese unverwechselbar macht; was sie alles – über die zu spielende Szene hinaus – (aus-, er- und durch-)lebt und/ oder erträumt und/oder unterdrückt. In diesem Beet gedeiht – blumig formuliert – (fast) jeder Text.

Sie sind also in der komfortablen Situation, auswählen zu können, was Sie für Ihre Figur schultern und in welche Richtung Sie mit ihr gemeinsam gehen, und Sie müssen nicht – wie so oft – an den (theoretischen) Kategorien, die Sie Ihrer Figur zuordnen, behauptend festhalten.

Vorab stellt sich noch eine – für die spezifische, unverwechselbare Ausformung der Figur – sehr entscheidende Frage: Was kommt dazu, wenn Sie dazukommen? Und, vielleicht für eine Besetzung entscheidender: Was kommt nicht dazu, wenn Sie dazukommen? Welche Abschattierungen werden sich (nicht) ergeben, in welche Richtung werden Sie die Figur (nicht) ausformen können?

Es spielt keine Rolle, wie wunderbar ein Schauspieler ist; beim Casting musst du die Person auswählen, die zu der Rolle passt.
David Lynch

Ihnen muss also klar sein, was für ein »Typ« Sie sind und aus diesem die logische Entwicklung der Figur ableiten, sozusagen diese auf sich aufmauern. Sie verkörpern die Rollen, die Ihnen angeboten werden – und das werden nicht unbedingt die sein, die Sie (noch alle) spielen wollen und (auch) könnten! Zugespitzt formuliert: Nicht Ihre Qualität, Ihr Typ ist gefragt.**(30)** Und erstaunlich viele wissen nicht, wofür sie stehen. Ihre Selbstwahrnehmung deckt sich nicht mit ihrer Außenwirkung. Nicht selten spielen sie gegen ihren Typ an; sie konzentrieren sich darauf, als der wahrgenommen zu werden, der sie sein wollen. Und mehr als das intellektuelle oder das emotionale Potenzial betrifft es das physische.**(31)**

Albert könnte, wie gesagt, auch eine Albertine sein. Alleine dieser Unterschied zieht noch einmal ganz andere Fragen nach sich. Wenn Sie jetzt mit ihrer »Materialschlacht« beginnen, sollten Sie sich also über sich selbst im Klaren sein. Wenn Sie auch noch mit sich im Reinen wären, wäre das natürlich großartig, liegen doch zwischen zwanzig und sechzig Jahren, zwischen eins fünfzig und zwei Metern, zwischen fünfzig und hundert Kilogramm nicht nur Maßeinheiten, sondern oft auch Katastrophen. Ihr Alter, Ihre Größe und Ihre Körperlichkeit – diese Ihre »Mitbringsel« rechtfertigen Sie aus der Geschichte der Figur heraus. Das heißt, Sie tun nicht so als ob, Sie entwickeln und erzählen nicht irgendeine (allgemeine), sondern

Ihre Geschichte und zwar unverwechselbar Ihre – und das in spielender, sprich »selbstvergessener« Weise, als säßen Sie im Sandkasten Ihrer Kindertage.

Schauspieler sind Kinder.
Alfred Hitchcock

Sie sind das »Mehr«, das – egal in welcher Rolle – der jeweiligen Figur ihr Volumen gibt, ihr eine unübersehbare physische Präsenz im Raum verleiht.

Die Umwandlung von »Material« in »Spiel« meint nicht das Malen nach Zahlen, sondern die vorhandenen Informationen dienen gewissermaßen als Zündfunken, die die »IchFigur« ans Laufen bringen sollen. Erreichen Sie nicht vorzeitig ein (intelligent-ausgedachtes) Ziel, trödeln Sie rum, wandeln Sie auf Abwegen, und lassen Sie sich überraschen, was für ein Mensch Ihnen da unvermutet wieder gegenübertreten wird: Sie selbst.

50/50

Alleine zu proben und das regelmäßig, will heißen täglich, erfordert eine ungeheure Disziplin, der – zumindest im szenischen Arbeiten – nur bedingt nachzukommen ist, stellt sich doch ein strukturelles Problem:

Nehmen wir das Telefonat Alberts: Obwohl die Szene ein Monolog ist, erfährt sie ihre Komplettierung erst durch Alberts Gegenüber, auch wenn das *im off* verbleibt. Ansonsten fehlen schlicht und ergreifend fünfzig Prozent der Szene. Den zweiten fünfzig Prozent teile ich mich mit.**(32)** Fange ich nun an, die Szene alleine zu erarbeiten, muss ich – notgedrungen – irgendwie »mitkontrollieren«, ob ich mit dem, was ich da gerade versuche, auf dem richtigen Weg bin. Ich bin also über weite Teile mit der Abgleichung meiner Vorstellung von der Szene mit meinem Spiel der Szene beschäftigt. Ich sollte eigentlich mit meiner Konzentration nach draußen, in diesem Falle zu meiner Mutter, gehen, doch stattdessen gehe ich immer wieder nach innen, zu mir. Ich tue etwas, was die Figur nie tut – sich mit ihrer Wirkung beschäftigen, (um diese dann – in aller Regel sofort – obendrein noch als ungenügend zu bewerten). Die Konzentration, die ich dafür benötige, ziehe ich von der der Figur ab, die in genau dem Maße indirekter wird; sie wird »weniger«.

Das langfristig Fatale ist nun, dass sich diese Struktur als »natürliche« physisch ablagert und ich später im Spiel wie selbstverständlich auf sie zurückgreife. Ich kann gar nicht anders, vor allem wenn Druck von außen, zum Beispiel der einer Castingsituation, dazu kommt.

Ich greife reflexhaft auf mich zurück. Und das »Mich« zeichnet sich vor allem durch eins aus: durch mein vermeintliches Nichtkönnen, auf das ich während meines Probens und später dann meines Spielens ständig stoße.

Die Rettungswege, die ich in der Folge beschreite, führen alle – ausnahmslos – in die Sackgasse, weil sie nur dazu dienen, mein Ungenügen, sprich meine Persönlichkeit, nicht sichtbar werden zu lassen:

1. Ich spreche schneller als ich denke.**(33)**
2. Ich spreche ohne Impuls und schiebe den Satz mit Druck nach vorne.
3. Ich spreche ohne ein Bewusstsein für die physische Präsenz der Figur.
4. Ich spreche ohne eine Bezugnahme zu dem Raum.

Weise ich in der Arbeit Schauspieler darauf hin, sind sie zumeist sehr erstaunt. Oft reagieren sie mit dem Hinweis, dass sie immer so schnell sprächen, nicht selten mit einem behaupteten Stolz auf ihre »dynamische« Persönlichkeit. Wenn ich sie in einem Moment, in dem sie – unbeobachtet – »bei sich« sind, auf ihr eigentliches Tempo aufmerksam mache, reagieren sie fast ungläubig, dass sie wirklich so langsam sein sollten.**(34)** Im Spiel trauen sie diesem Tempo – also sich – eher nicht, finden diese »Art« für ihr Spiel zu langweilig oder für den Zuschauer – den sie nicht kennen – zu uninteressant.**(35)** Der Druck, es bringen zu müssen, treibt sie unentwegt weiter an, weiter von sich weg. Und so kann dann nur noch der ganze Ausdruck der Figur in den Text gepackt werden. Das einzige, was aus dieser Art der fehlgeleiteten Konzentration erwächst, sind (ins Unermessliche sprießende) Selbstzweifel.**(36)**

In erster Linie versuche ich aufrichtig zu sein, weil ich mich sonst am Ende selbst belügen würde.
Lars Eidinger

Die Szene wird also in ihrer Funktion – verständlicherweise – darauf reduziert, als sie dazu dienen soll, die schauspielerische Qualität »als solche« unter Beweis zu stellen. Ohne dass ich es beabsichtige, wirft ein dergestalt inhaltlich entkoppeltes Spiel nur ein Schlaglicht auf meine Eitelkeit, während die Figur – privat durchwirkt – konturlos bleibt.**(37)**

Die kleinste gesellschaftliche Einheit ist nicht der Mensch, sondern zwei Menschen.
Bertolt Brecht

Anders formuliert: Mein Spiel wird asozial; zum einen, weil es gegen meinen Partner – gegen die anderen fünfzig Prozent – gerichtet ist, den ich auf einen Stichwortgeber reduziere, zum anderen, weil sich der Gehalt der Szene – die Geschichte, die es doch zu erzählen gilt – nicht mehr erschließt, denn der vermittelt sich zu hundert Prozent nur in dem ausgetragenen Konflikt von zweimal fünfzig Prozent. **(38)**

Will ich mir also ein schauspielerisches Gütesiegel attestieren lassen, dann reicht es vollkommen aus, mich – mit hundert prozentiger Konzentration – auf meinen fünfzig prozentigen Anteil an der Szene zu fokussieren. Ich mache die Figur sichtbar, in dem ich mich wie diese – aus meiner Not heraus – mitteile: Ich führe deren Gedanken durch, ich gebe deren Gedanken ab, ich teile deren Gedanken mit. Eine real vollzogene Mitteilung kennzeichnet »gutes« Schauspielen von ganz alleine. Sie müssen nichts dazutun.

Ein solches schauspielerisches Selbstverständnis entwickelt sich leichter, wenn Sie nicht alleine arbeiten. Suchen Sie sich einen, besser noch mehrere Kollegen – und die eigenen, übermächtigen Probleme relativieren sich sofort und werden »handhabbar«, einfach weil (fast) alle die gleichen haben. Spielen Sie gemeinsam rum:

Machen Sie sich was vor, aber machen Sie sich nichts vor.

Systemwechsel

Sollten Sie auf die Schnelle keine Partner zur Hand haben, können Sie auch auf Ihren nach »innen« gerichteten Blick zurückgreifen und mit ihm schauspielerische Vorgänge daraufhin analysieren, was diesen zu eigen ist und was nicht.

Die Arbeit am Theater wie für Film/Fernsehen ist unter anderem dadurch gekennzeichnet, dass ich mich in einem »geschlossenen« System aufhalte, in dem – abgeschottet gegen die Banalitäten des Alltags – im weitesten Sinne Kunst produziert werden soll, positiv. **(39)** Negativ, ich bewege mich in einem Hamsterrad; das gelebte Leben bleibt außen vor, und es dient nicht mehr als Maßstab. Das Abgehobene meines Arbeitens ist mir als Entfremdung nicht bewusst. Nicht zuletzt weil sich niemand daran stößt, allen voran der Regisseur, halte ich es für normal, dass ich mit Druck, ohne einen Impuls sowie ohne Bewusstsein für die physische Präsenz der Figur und den Raum, schneller spreche als ich denke.

Doch das, was für mein Empfinden als richtiges Spielen gelten kann, ist ein auf eine Behauptung geschrumpftes Agieren. Das wird spätestens dann offensichtlich, wenn ich auf der Probe oder beim Dreh hänge und, *Text!* rufe. Ansatzlos bin ich auf den Punkt genau: Meine Stimme sitzt richtig, in der Regel tiefer, sie kommt drucklos und hat die für den jeweiligen Raum angemessene Lautstärke. Ich habe – noch vor meiner sprachlichen Reaktion – ganz offensichtlich ein Bewusstsein von mir, von dem Raum und von mir in diesem Raum, der dann augenblicklich erfüllt ist von meinem, *Text!* Der wird mir auch prompt souffliert – nur ich hetze orientierungslos weiter durch die Szene wie zuvor.

Mein »nachdrückliches« Spiel hat noch einen weiteren, äußerst unangenehmen, Nebeneffekt: Es bekommt den Anstrich einer Rechtfertigung. Und in dem Maße, in dem ich mich anstrenge, geht mein Partner zurück und der Zuschauer auf Distanz. Das scheint auf den ersten Blick nicht weiter gravierend zu sein. Doch wenn ich dieses System verlasse und kurz ins sogenannte normale Leben zurückspringe, wird klar, wie problematisch das ist:

Egal, was uns voneinander trennt, egal, zu wem wir uns (erotisch) hin ausrichten, eines ist uns allen, denke ich, gemeinsam: Wir verlieben uns nie in einen Menschen, der sich anstrengt. Ein solcher gilt nicht als attraktiv. Und wenn der dann, *Ich liebe dich*, durch seine Lippen auch noch säuselt, war's das mit der Beziehung.

Stellen Sie sich vor, Sie stünden am Abend, nach getaner Arbeit, in einer Kneipe am Tresen, vor sich Ihr wohlverdientes Bier. Sie ließen Ihren Blick durch den Raum schweifen und blieben, nichts Böses ahnend, an einem jungen Paar hängen. Ein (attraktiver) Mann, der, sich über seine abgesenkte, weichgespülte Stimme sensibel gebend, mit dem Satz, *Ich liebe dich*, das Gefühl von Liebe noch mitzuliefern suchte und zu seiner rechten eine (schöne) Frau, die darauf angemessen »reagierte«: »Artig« neigte sie ihren Kopf, fügte ein »feines« Lächeln und einen »leichten« Augenaufschlag hinzu, um nach einer kleinen Kunstpause – die sie bräuchte, um nun auch ihrerseits die Liebe ganz tief in sich zu fühlen –, käme die entsprechende Antwort über ihre Lippen, *Ich dich auch.* – Sie würden ein Loblied auf das Alleinsein anstimmen.

Und jetzt springen Sie in das System der »Kunstproduktion«, in diesem Falle vor Ihren Fernseher: Dort sähen Sie diese Szene. (Und Sie sehen diese Szenen im Fernsehen!).**(40)** Und sie ist noch nicht zu Ende: *Wollen wir beide heiraten?* fragt er jetzt. Auf *Wollen* schließt er kurz die Augen und spricht dann *wir heiraten* als Aussagesatz weiter und nicht als Frage. Daraufhin atmet sie ihre ganze Luft durch die Nase aus und antwortet dann, ohne erneut einzuatmen, ebenfalls ihre Augen kurz geschlossen, anschließend mit, *Ja.* – Sie fänden die Szene unter Umständen etwas kitschig, klischeehaft vom Text, vielleicht sogar, *na ja, halt etwas übertrieben gespielt*, aber Sie würden sie in aller Regel schlucken wie in der Kneipe Ihr Bier.

Das Falsche erscheint nicht mehr als falsch.

Später stehen Sie – wieder im normalen Leben – an der Kasse im Supermarkt und zahlen Ihre Milch, die Sie vergessen haben einzukaufen. Der Mensch an der Kasse fragt, *Wollen Sie den Bon?* Auf *Wollen* schlösse er kurz die Augen und spräche dann *Sie den Bon* als Aussagesatz weiter und nicht als Frage. Sie atmeten Ihre ganze Luft durch die Nase aus und antworteten dann, ohne erneut einzuatmen, ebenfalls Ihre Augen kurz zuvor geschlossen, mit, *Ja.*

Probieren Sie es aus, ich meine probieren Sie es wirklich aus. – Alles in Ihnen wird sich sträuben. Offensichtlich leben wir in zwei Welten, und jede hat ihre eigene Wahrheit.

Wenn also falsches Spielen, das als wahr angenommen wird und richtiges Verhalten, das wahr ist, in mir – von jetzt auf gleich – möglich sind, dann lässt sich doch nur sehr bedingt eine Aussage über meine schauspielerische Qualifikation machen. Irgendetwas läuft in meiner Darstellungsweise nicht richtig, sodass sich ein (persönlicher) Ausdruck überhaupt nicht freisetzen kann.

Sie mögen einwenden, dass ein Liebesgeständnis nicht mit einem banalen Einkauf gleichgesetzt werden könne. Einverstanden. Also gehen Sie wieder in die Kneipe und stellen sich an den Tresen, vor sich Ihr wohlverdientes Feierabendbier. Irgendwann käme ein Mann oder eine Frau – wie Sie's gerne hätten –, nachdem sich schon öfter ihrer beide Blicke wie zufällig gekreuzt hätten, mit zwei frischgezapften Bieren zu Ihnen herüber. Und Ihnen gefiele der Mensch, die Situation wäre Ihnen nicht unangenehm. Er würde ein Glas vor Ihnen abstellen, mit dem zweiten leicht dagegen stoßen, Ihnen zuprosten, dann, sich zu Ihnen aufdrehend, am Tresen anlehnen, Sie anschauen und, *Ich finde dich übrigens sehr nett*, sagen. Eigentlich eine ganz entspannte Situation, aus der mehr werden könnte. Aber auf *Ich* schlösse er seine Augen, und das sich anschließende *finde dich übrigens sehr nett* wirkte wie aufgesagt, wobei er *sehr* durch eine zusätzliche Betonung hervorhöbe und vor *nett* eine kleine Kunstpause einbaute. – Sie würden fluchtartig das Lokal verlassen!

Wäre die Szene eine gespielte, würde Ihnen das wahrscheinlich gar nicht aufgefallen sein, und Sie suchten meine Beobachtung als doch sehr kleinteilig zu relativieren. Aber genau diese »Splitter« – mit denen wir uns noch ausführlicher beschäftigen werden – sind entscheidend für die Überführung Ihres Spiels in Realität. Mit dem Augenschließen ist Ihre Figur auf und davon, und in aller Regel holen Sie sie die gesamte Szene über – egal wie schnell sie auch werden – nicht mehr ein. Ihr Körper registriert zwar sofort, dass etwas nicht stimmt und greift reflexhaft nach den oben genannten Rettungsankern, was nicht zwingend bis in ihr Bewusstsein vordringen muss, doch die Szene ist gelaufen.

Dreiklang der Figur

Machen wir uns nochmal klar, welche drei Ebenen (Schichten/Schubladen) eine Figur in jedem Falle kennzeichnen:

1. die physische
2. die textliche
3. die private – die all das enthält, was mich ausmacht.

So lange ich jede Ebene parallel nebeneinander her führe, bleibt mein Spiel richtig**(41)**. Vermische ich eine der Ebenen mit einer anderen, wird meine Verkörperung ungenau, falsch und schlussendlich »unansehnlich«. Das passiert vor allem dann, wenn ich mit der dritten, privaten Ebene in den Spielvorgang, also in die physische und/oder textliche Ebene der Figur gestaltend eingreife – und das widerfährt mir in vielfältigster Form aus unterschiedlichsten Gründen. Für diese Fehlerquellen den Blick zu schärfen ist für mich als Schauspieler wie als Privatperson zwingend notwendig: Solange mir nicht klar ist, was mein Spiel be-, schlimmstenfalls sogar verhindert, wird es zum einen nur begrenzt »figurenverkörpernd« sein können – mithin eine Behauptung bleiben, und zum anderen wird es langfristig »selbstzerstörerisch« wirken – mithin eine Behauptung bleiben müssen.
Das kurze Augenschließen vor dem ersten Wort eines Satzes kann seinen Grund darin haben, dass ich an den Text denke, den ich jetzt sagen muss. Für die Zeit, die mich dieser Gedanke in Anspruch nimmt, schließe ich die Augen – und die Figur ist weg.**(42)** Ich bin nicht zu hundert Prozent auf die physische Durchführung der Figur konzentriert, auf unser Beispiel bezogen, dass der Mann die Frau anhimmelt und das über den, nur dazu kommenden, Text auch weiterhin tut. Auf der dritten, der privaten Ebene steuere ich diesen Vorgang, das heißt, ich weiß, dass ich gleich, *Ich liebe dich*, werde sagen müssen, aber die Figur halte ich von mir, dieser Ebene, frei. Dass ich die drei Ebenen parallel nebeneinander her verlaufen lasse, das also verleiht meinem Spiel seine Glaubwürdigkeit. Der (attraktive) Mann jedoch agiert, ohne die physische Präsenz der Figur eingerichtet zu haben, mit anderen Worten er weiß nicht, wie diese sich verhält und

muss nun alle Emotion in die zweite, die Textebene packen, diese »gestalten«. So kommt es zu seiner tiefer gelegten, weichgespülten Stimme. Dass er mit dieser, *Wollen wir beide heiraten?* nicht als Frage, sondern als Aussagesatz sagt, kann zum Beispiel daher kommen, dass er – schon länger ohne Engagement – unbedingt souverän erscheinen will oder muss, auch weil er, in seiner Hypersensibilität, vermutet, dass seine Kollegin ihn schon deshalb gar nicht gut finden kann, was vielleicht sogar wahr sein könnte. Also gibt er sich behauptet locker und spricht den Satz »weg«, als ob dieser ihn nichts anginge. Würde er die Frage als Frage stellen, würde er eine Antwort erwarten, würde er sich »angreifbar« machen, denn er müsste in Kauf nehmen, dass die Angesprochene, *Nein!* sagte. Genau das kann er sich aber nicht leisten. Sein Spiel bleibt privat und in seiner Wirkung »klebrig«.

Das gleiche gilt für die (schöne) Frau. Der ihrem *Ja* vorgelagerte Ausatmer kann mehrere Gründe haben: Sie sieht, was ihr Partner falsch macht, was für ihre Sensibilität spricht und ist genervt; das muss sie erst einmal wieder aus dem Kopf kriegen, mithin »wegatmen«. Es könnte auch sein, dass sie die Szene so nicht spielen möchte, weil sie die Regie falsch oder den Text platt findet oder ihr der Kollege unangenehm ist oder – und das ist ein Problem – der Kollege aus dem Mund riecht. Es könnte aber auch sein, dass sie spürt, dass ihrem Spiel jegliche Wahrhaftigkeit fehlt, und es wäre diese Erkenntnis, die sie wegatmen müsste. Aus welchem Grund auch immer, mit diesem Ausatmer geht auch der Figur die Luft aus; in der Wirkung zieht sie sich gewissermaßen aus der Szene raus, nimmt Abstand von sich, um dann – atemlos – den Text hinter sich zu bringen. Dem geht auf der physischen Ebene voraus, dass sie mit ihrem »artig« geneigten Kopf, dem »feinen« Lächeln und dem »leichten« Augenaufschlag nur das (klischeehafte) Bild einer verliebten Frau liefert. Ihre (Re-)Aktion ist, wie die des Mannes, eine private und keine der Figur. Insofern verhalten sich die beiden durchaus logisch zueinander – im Falschen:

Ohne dass es den Beiden bewusst wäre, erzählen sie die altbekannte Geschichte »der« Frau, die sich »dem« Mann hingibt, und sie tragen – sich ganz »up to date« gebend – so ihren Teil dazu bei, dass sich diese – reaktionären – Rollenklischees wie selbstverständlich weiter verfestigen. Am Ende bleibt – in dieser modernistischen Variante – der Frau nur der ihr durch den Mann zugewiesene Platz auf dem Beifahrersitz seines offenen Cabrios, in dem dann das

Fernsehen ist fabelhaft. Man bekommt nicht nur Kopfschmerzen davon, sondern erfährt auch gleich in der Werbung, welche Tabletten dagegen helfen.
Bette Davis

»zukunftsträchtige« Paar über den Abspann des Films in die untergehende Sonne davon fährt.**(43)**

Die physikalische Kraft des Gedankens

Vor dem Wort steht die Gebärde.
Ernst Schröder

Unabhängig von den »Privatisierungen« durch die dritte stehen die erste, die physische, und die zweite, die textliche Ebene, in einem spezifischen Abhängigkeitsverhältnis zueinander. Die physische sollte der textlichen vorausgehen. Wann immer Sie nach dem, ... *und bitte!* mit Ihrem Spiel beginnen, beginnen Sie nie mit dem Text. Der ist »Schrott«, einfach weil er nachgeordnet entsteht. Ohne die physische Präsenz der Figur werden Sie den Text »seelenlos« aufsagen, mithin nur eine (aus-)gedachte Version der inneren Verfassung der Figur abliefern können.

Nehmen Sie sich die – Ihnen endlos erscheinende – Zeit, und richten Sie die Figur in der sie kennzeichnenden physischen Präsenz ein; jedes Mal auf's Neue. Nach dem, ...*und bitte!* legen Sie den Hebel um: Bei allem vorherrschenden Produktionsstress, beginnen Sie Ihr Spiel im Rhythmus der Figur respektive der Szene.

Je konzentrierter Sie auf die physische Durchführung der Figur ausgerichtet sind, umso konkreter Ihre sprachliche Mitteilung.

Die physische Präsenz einer Figur wiederum setzt sich aus mindestens zwei Schichten zusammen, der des physischen Verhaltens und der des Denkens, das selbst wieder auf zwei Ebenen verläuft, der unserer – nur bedingt willentlichen – gedanklichen Abläufe und der des Textes. In unserem Alltag funktioniert dieses parallele Nebeneinander problemlos, weil die – nicht auswendig gelernte – Mitteilung organisch aus diesem »Gedankenhaufen« erwächst.

Ich denke also nicht den Text, den ich nichtsdestotrotz bewusst durchführe und, ohne weitere Gestaltung, auch sollte. Insofern bleibt dieser Beiwerk, wird er im Spielvorgang quasi nur von außen hinzugefügt. Bin ich dann aber nicht zu hundert Prozent auf die ununterbrochene Durchführung der Figur konzentriert, kann es eben zu dem oben beschriebenen kurzen Moment des Augenschließens kommen, weil ich den Text aus meinem Gedächtnis hochholen muss.**(44)** Das kann mir, ohne dass ich es bemerke, immer wieder passieren, selbst wenn ich um diesen Reflex weiß, eben weil diese Abläufe über die Zeit als »naturalisiert« abgespeichert worden sind.

Probieren Sie es aus: Sie hängen auf ihrem Sofa ab, vollkommen privat, wenn Sie so wollen, also das totale Gegenteil von einer sogenannten Spielhaltung, (von der im Übrigen bisher niemand sagen konnte, welcher Beschaffenheit diese ist; der Versuch sie einzunehmen endet zwangsläufig in einer muskulären Verspannung). Jetzt legen Sie ihre Hand auf einer neben Ihnen liegenden Kaschmirdecke ab, und bewegen Sie Ihren Daumen – sodass noch ein Hauch von Luft zwischen Decke und Daumen zu bleiben scheint – mit aller Ihnen zur Verfügung stehenden Vorsicht hin und her.**(45)** Wenn Ihnen ihr Tun konkret genug erscheint – Sie behalten also die Kontrolle über diesen Vorgang – sagen Sie, *Ich wäre auch so gerne einmal glücklich gewesen*. Führen Sie die Bewegungen über den Satz hinaus – konzentriert-kontrolliert – weiter durch, sodass der physische Vorgang das Vorrangige bleibt.

Es entsteht eine gewissermaßen intime Situation durch Ihre Konzentration auf die durchgeführte Bewegung. Wenn Sie jetzt den Satz dazu nehmen, besteht die Gefahr, dass Sie diese Situation quasi verdoppeln und zu leise sprechen. Sie haben keinen Adressaten, und Sie werden »gefühlig«; schlimmstenfalls genießen Sie das auch noch ab. Die »Temperatur« der sprachlichen Veräußerung ist aber eine höhere und findet auf einer anderen Ebene statt. Sie veräußern den Satz, Sie geben ihn ab in den jeweiligen Raum, in dem Sie sich aufhalten und zwar in einer Lautstärke, die diesen ausfüllt, sodass der Satz gewissermaßen wieder auf Sie zurückfallen kann. Mit anderen Worten, Sie hören sich und hören sich zu. Selbst jetzt, in einem Moment tiefster, aufrichtigster Privatheit, an dem kein anderer Mensch Zutritt zu Ihnen hätte, verhalten Sie sich: kommunikativ, in diesem Falle zu sich selbst.

Eine sprachliche Mitteilung geht offensichtlich immer in zwei Richtungen: zu dem Adressaten und zu dem Sprecher. Mit dem Satz, *Ich liebe dich*, vermittle ich nicht nur mein Gefühl, ich führe es auch mir gleichzeitig noch einmal *vor Augen*. – Im Privaten machen wir das automatisch immer richtig.

So dir im Auge wundersam, sah ich mich selbst entstehn.
Friedrich Hebbel

Veräußern Sie den Gedanken, und Sie werden merken: es entsteht ein kleine Szene. Ohne weitere Gestaltung von außen, ergibt sich eine in sich glaubwürdige Situation, die Sie emotional »mitnimmt«, weil der Satz sachlich daherkommt. In der Genauigkeit der sprachlichen Durchführung entwickelt der Text eine »Strahlkraft«, die bis in Ihr Inneres zurückreicht. Sie verändern sich ohne ein weiteres Zutun; die neue Situation kommt zu dem, was und wo Sie gerade sind, als ein weiterer Bestandteil Ihrer Persönlichkeit dazu.

Man spricht nicht nur wie man ist, man wird auch wie man spricht.
Günter Anders

Führen Sie jetzt den Vorgang wieder genauso durch. Nur sagen Sie, wenn Sie die physische Präsenz der Figur – so Sie sich in diesem besonderen Fall als Figur sehen mögen – eingerichtet haben, *Mein Gott, ich weiß gar nicht, womit ich so viel Glück verdient habe in meinem Leben.* Und auch jetzt werden Sie merken, dass der nur durchgeführte Satz Sie emotional mitnimmt, obwohl Sie auch diesmal im eigentlichen Sinne nichts gespielt haben.
Sie sind gewissermaßen ihre eigene Start- und Landebahn. Egal wohin die Reise Sie führt:

Sie starten immer an demselben Punkt, unvorbereitet bei sich.

Nur noch einmal, dass hier kein Missverständnis entsteht: Sie sind natürlich (bestens) vorbereitet. Aber Ihre Vorbereitung endet an der Grenze, hinter der Ihre Figur »auflebt«. Diese hat kein dramaturgisches Bewusstsein. Sie sind jetzt an der (entscheidenden) Schnittstelle angekommen, an der Sie sich dem »Schauspielen« überlassen müssen. Sie bleiben ohne weitere Eingriffe zurück. Sie geben die Kontrolle ab. Zur Passivität verurteilt, lassen Sie die Figur von der Leine. Der richtige Ausdruck ist als eine Folgeerscheinung nur ein »Abfallprodukt«, um das die Figur sich nicht kümmert und das Sie nicht »ausgestalten«. Das (vom Regisseur formulierte) Ergebnis »schwingt nur mit«, und das liegt auch an den Besonderheiten des Erlernens von Sprache.**(46)**
Catherine Deneuve berichtet in einem Interview, dass ihr François Truffaut nach den Dreharbeiten zu »Die letzte Metro« ein Kompliment gemacht habe, das sie als ein solches zunächst nicht verstanden habe. Er meinte, ihr Gesicht sei wie eine Vase, in die man jeden Blumenstrauß stecken könne. Sie habe eine Zeit gebraucht, bis ihr klar geworden sei, was Truffaut damit habe sagen wollen, dass ihr Gesicht, die Vase, immer gleich bliebe und erst dadurch der Fokus der Wahrnehmung ausschließlich auf den Blumenstrauß, (die Rolle), gelenkt werden könne.
Mit anderen Worten, sie bleibt »neutral-passiv« hinter der Figur zurück, um dem jeweiligen Ausdruck nichts von seiner emotionalen Wucht zu nehmen. Wie heißt es im Umgangssprachlichen so treffend: *Steht dir wie ins Gesicht geschrieben!*
Doch in der täglichen Arbeit regt sich hier nicht selten heftiger Widerspruch. Ich müsse doch als Schauspieler, so wird dagegen argumentiert, gerade wenn es emotional zur Sache gehe, das auch spielen, sprich in irgendeiner Form zeigen, mithin also auch den Text gestalten. Ich könne doch nicht nichts tun, beispielsweise

angesichts der Mittelung, dass ein geliebter Mensch gestorben sei, einfach nur da stehen und meinen Text sagen. Wenn ich dann anführe, dass der Figur doch gar nichts anderes übrig bliebe, als zuallererst den Tod des geliebten Menschen zu »begreifen«, bevor sie – jetzt betroffen – mit Trauer und/oder Wut oder Sprachlosigkeit(!) reagieren könne, dass, wenn sie denke – wie so oft erwähnt – ja schon handle, dann zeigt sich der tiefe Graben, der das schauspielerische Selbstverständnis durchzieht: Unvereinbar wird das Denken auf der einen Seite gegen das Fühlen auf der anderen gesetzt, und dem Fühlen wird in solch extrem emotionalen Situationen natürlich der Vorzug zu geben – ein Missverständnis, wie Günter Anders in seinen *Ketzereien* nachweist:

Nichts alberner als zu glauben, dass, wer genau denken könne, nicht fühlen könne, und dass Denken nicht leidenschaftlich sei. Das glauben allein Sentimentale. Umgekehrt muss unser Fühlen genau so genau sein wie unser Denken…Nicht nur gilt, dass, wer nicht genau denken kann auch nicht genau fühlen könne, sondern auch umgekehrt, dass, wer nicht genau fühlen kann, auch nicht genau denken könne. Wer die zwei als antipodische Tätigkeiten oder Zustände hinstellt oder, sich auf sein Fühlen berufend, das Denken verächtlich macht, der weiß ebenso wenig, was Fühlen ist, wie was Denken ist; der kann weder das eine noch das andere…Ungenau gefühlt, und so offeriert, sind allein kitschige Produkte, die sich aus emotionalen Schablonen zusammensetzen, wie triviale Reden sich aus Denkschablonen zusammensetzen. (zit.)

Denkpause

Wenn Sie sich nach so viel kleinteiliger Betrachtungsweise eine Auszeit gönnen wollen, können Sie sich einfach mal auf die Couch legen, den Fernseher laufen lassen, Ihre Augen schließen und sich Ihren Mitmenschen, denjenigen, die, weisungsgebunden, ihr Bestes geben sowie denjenigen, die das Sagen haben(!), hingeben – Ihnen wird ganz schnell Hören und Sehen vergehen.

Alternativ könnten Sie aber auch an die frische Luft, einen kleinen Spaziergang machen und dabei nochmal in dem Supermarkt vorbeischauen, in dem Sie die Milch gekauft haben. Normalerweise spielt es ja keine Rolle, ob der Mensch an der Kasse, *Wollen Sie den Bon?* als Frage oder als Aussagesatz formuliert. Die Niederungen unseres Alltags erscheinen uns angesichts der Höhe der Kunst zu unbedeutend, als dass wir uns noch näher mit ihnen beschäftigten. Und doch: Hätten Sie als Schauspieler einen Tagesdreh, in dem Sie den Menschen an der Kasse verkörperten, und Sie würden sich für die eine oder andere Variante bewusst entscheiden, also die Figur konkretisieren wollen, dann wäre das eine Überlegung wert.**(47)**

Nehmen wir an, Sie sind Anfang zwanzig, dann könnten Sie eine von den Aushilfskräften an der Kasse sein, die unter anderem spät abends eingesetzt werden. Sie hätten überhaupt keinen Bock auf den vierhundert Euro Job. Die Frage nach dem Bon müssten Sie bei jedem Kunden stellen, die Antwort interessierte Sie also nicht wirklich. Und schon hätten Sie eine Haltung, aus der heraus Sie agierten und die die Figur kennzeichnete. Jetzt nehmen wir zudem an, dass Sie den Job schon relativ lange machen, sodass Ihre Bewegungen an der Kasse automatisiert wären. Und während Ihre linke Hand noch auf den Bon wartet, der aus der Kasse kommen wird, formulieren Sie die Frage als Aussagesatz, schon wissend, dass die – von Ihnen wie beiläufig daraufhin abgecheckte – Kundin, *Nein.* sagen wird und Sie den Bon, zerknüllt, in den Mülleimer unter der Kasse werfen werden; parallel dazu nähmen Sie den nächsten Kunden in »Augenschein«!

Nehmen wir nun an, Sie sind Anfang zwanzig, männlich, der Kunde eine Kundin, ebenfalls Anfang zwanzig, gut aussehend. Sie gefiele Ihnen, und Sie wollten ihre Aufmerksamkeit. Und jetzt – Sie sind vollkommen überrascht von sich selbst – stellen Sie fest, dass Sie sich für diesen »minderwertigen« Job plötzlich schämen, aber Sie haben nur diesen einen, im Drehbuch stehenden Satz, um sich wieder aufzubauen. In diesem Falle käme dieser wohl als Frage, um der Begehrten eine Antwort und einen Blick abzuringen. Sie würden die Frage zudem mit einem Lächeln versehen, während Sie sich, auf ihrem Stuhl zu Ihrem Objekt des Interesses hindrehend, unmerklich aufrichteten, um an (attraktiver) Größe zu gewinnen, was Sie – für die Kundin ebenso unmerklich – zu überprüfen suchten. Und was für ein Glück, wenn sie Ihr Lächeln erwiderte!

Phantasie ist wichtiger als Wissen, denn Wissen ist begrenzt.
Albert Einstein

Wie »verlebendigt« kann eine Figur durch ihre jeweilige Ausformung werden – nur durch das Wie, für das Sie sich entschieden haben! In irgendeinem Film sitzt irgendein Mensch an irgendeiner Kasse irgendeines Supermarktes und formuliert irgendeinen Satz, einmal als Aussage und einmal als Frage – und Sie legen uns nicht irgendeine Welt zu Füßen, sondern die Ihre.**(48)**

Das kleinste physische Detail

Mich mit der noch nicht vorhandenen Figur zu synchronisieren durch das, was unser beider Tun in jedem Falle kennzeichnet, ist also eine praktikable Möglichkeit, meine Suche nach jener sofort konkret werden zu lassen. Und ich kann sicher sein, dass, so »unförmig« meine physische Präsenz zunächst ist, ich trotzdem schon richtig agiere. Der Ausdruck, den mein Verhalten zu diesem Zeitpunkt nach sich zieht, kann erst einmal natürlich nur ein vorläufiger sein, denn von der Figur habe ich noch keine »Eckdaten«.**(49)**

Nicht selten zeigt sich der Regisseur mit dieser »allgemeinen« Verkörperung schon zufrieden, falls er sich überhaupt äußert, Hauptsache mein Gebaren kennzeichnet eine gewisse »Natürlichkeit« im Sinne von »Normalität«. Eine weitergehende inhaltliche Arbeit findet so gut wie nicht mehr statt; die Figur wird auf meinen Typ verkürzt beziehungsweise ich nehme meinen Typ für die Figur. So »gut« ich mir dabei auch vorkommen mag – fühle ich mich doch voll auf der Rolle – und egal wie ich mich dabei auch engagiere und, schlimmstenfalls auch alles gebe, als ob es darum ginge – mein Spiel bleibt im Privaten stecken.

So gang und gebe diese Praxis – nicht zuletzt durch den Zeitdruck beim Dreh – auch geworden ist, so grenzwertig ist sie. Das zeigt sich spätestens dann, wenn ich eine negative Figur verkörpern soll, die in meiner Welt nicht vorkommt, die mir fremd ist und die ich schlimmstenfalls aus moralischen Gründen nicht zulassen kann. **(50)**

Auf der Suche nach der Figur agieren wir vergleichbar Sprachprofilern, die aufgrund der Analyse von Texten versuchen, deren Verfassern ein (gesellschaftliches) Gesicht zu geben. Darüber hinaus haben wir die Möglichkeit unser »Objekt der Begierde« auch auf ihr (gesellschaftliches) Verhalten hin einer Analyse zu unterziehen. Wenn wir Menschen verstehen können als die Abfolge ihrer Entscheidungen, dann müsste noch im kleinsten physischen Detail sich deren Charakter offenbaren. Im weiteren Verlauf unserer Suche richtete sich unser Augenmerk also nicht mehr so sehr auf unsere strukturellen Gemeinsamkeiten, sondern auf das »Wie-Warum-Tun« der Figur. Wenn es gelänge, in dem kleinsten physischen Detail gewissermaßen dessen charakterliche DNA zu entschlüsseln und zu lesen, dann bräuchten wir die Figur auch nicht mehr in Besitz nehmen, hätten wir sie doch begriffen.

Yasmina Reza lässt in ihrem Stück *Der Gott des Gemetzels* zwei Ehepaare, Veronique und Michel sowie Annette und Alain, aufeinandertreffen.**(51)** Das zunächst friedliche Zusammensein eskaliert, und es kommt zu einem gnadenlosen Kampf jeder gegen jeden. Es braucht so wenig – so die Geschichte –, und die dünne Schicht unserer »Zivilisiertheit«, die nur wie ein Firnis über unsere (gut-)bürgerliche Fassade gezogen worden ist, bekommt Risse, platzt und offenbart den (asozialen) Abgrund in uns.

Im Verlauf des Abends offeriert der Hausherr, Michel, seinen Gästen, Alain und Annette, einen, offensichtlich sehr exquisiten, teuren Rum, während er seine Frau Veronique außen vor lässt, was Annette sehr wohl registriert.

ANNETTE Und sie?

MICHEL Ich denke, das ist nicht nötig.

VERONIQUE Gieß mir was ein, Michel.

MICHEL Nein.

VERONIQUE Michel!

(*VERONIQUE versucht, ihm die Flasche zu entreißen. MICHEL hält sie fest.*)

ANNETTE Was haben Sie auf einmal, Michel?

MICHEL Na gut, bitte, trink, was soll's.

ANNETTE Vertragen Sie keinen Alkohol?

VERONIQUE Hervorragend vertrage ich ihn. Ich vertrage ja sowieso alles … (*bricht in Tränen aus*)

ALAIN Gut … Also, ich weiß nicht …

VERONIQUE (*zu ALAIN*) … Monsieur, bitte …

ANNETTE Alain.

VERONIQUE Alain, wir beide haben nicht das Geringste gemeinsam, aber verstehen Sie, ich lebe mit einem Mann, der ein für alle Mal entschieden hat, dass das Leben mittelmäßig ist, es ist sehr schwierig, mit einem Mann zu leben, der sich in dieses Vorurteil verkrochen hat, der nichts ändern will, der sich für nichts engagieren will …

MICHEL Das ist ihm egal. Das ist ihm scheißegal.

VERONIQUE Man braucht doch den Glauben … den Glauben daran, dass es besser werden könnte, oder?

Warum möchte Michel nicht, dass seine Frau trinkt? Interessanterweise fordert Veronique ihren Mann erst auf, auch ihr ein Glas einzugießen, als Annette mit, *Und sie?* nachgefragt hat. In Michels Antwort, *Ich denke, das ist nicht nötig.* muss aber wohl ein vorwurfsvoller, auf einen tiefersitzenden Konflikt zielender, Unterton mitgeschwungen haben, sodass diese dagegenhalten muss. *Gieß mir was ein, Michel.* Es geht nicht darum, dass Veronique etwas trinken möchte, vielmehr möchte sie vor Annette nicht als eine wie auch immer bevormundete Frau dastehen. Michel, der es zu einem Großhandel mit Haushaltsartikeln gebracht hat, ist bisher nicht als ein wirklich selbstbewusster Mann in Erscheinung getreten, eher als jemand, der an seine Frau, eine Schriftstellerin, die halbtags in einer Kunst- und Geschichtsbuchhandlung arbeitet, intellektuell nicht heranreicht. Aus seinem Mund kommt jetzt ein klares, knappes, *Nein.* und das in einem, keinen Widerspruch duldenden, Ton, dass sich Veronique nun ihrerseits zu einem, ebenso entschiedenen, *Michel!* genötigt sieht. Der Konflikt muss zwischen den beiden wohl derart schwelend präsent sein, dass Veronique – trotz der Anwesenheit der Gäste – gar nicht anders kann als reflexhaft die Flasche an sich zu reißen, sich auf einen Kampf mit ihrem, wahrscheinlich ihr physisch überlegenen, Mann einzulassen, der nun unverhältnismäßig stark dagegen hält, sodass die irritierte Annette fragt, *Was haben Sie auf einmal, Michel?* Und so übergriffig gerade noch seine Reaktion gewesen ist, so entschieden fällt er von jetzt auf gleich ins komplette Gegenteil und gibt (sich) auf! *Na gut, bitte trink, was soll's.* Der letzte Teil des Satzes, *was soll's*, kann so verstanden werden, dass das Thema »Alkohol« zwischen den Ehepartnern ein (Dauer-)Thema ist, ein für Veronique ungelöstes Problem. Annette legt, ohne Hintergedanken, den Finger in die Wunde: *Vertragen Sie keinen Alkohol?* Hätte Veronique damit kein Problem, würde sie wahrscheinlich nur geantwortet haben, *Nein.* So aber bleibt ihr nur die Flucht in einen Zynismus, der sie nicht rettet, vielmehr ihr Scheitern offenbart. *Hervorragend vertrage ich ihn. Ich vertrage ja sowieso alles ...* (bricht in Tränen aus). Während sich der erste Satz noch auf den Rum bezieht, fasst der zweite ihr (gescheitertes) Leben. Wie dicht unter der Haut die Verzweiflung darüber sitzen muss, dass diese so ansatzlos an die Oberfläche kommt und Veronique in Tränen ausbricht. Das ist nun Alain, einem für die Pharmaindustrie tätigen Juristen, ganz offensichtlich zu viel. Er weiß mit Veroniques Tränen nicht umzugehen, das ist nicht seine »Sprache«, und so kommt von ihm zunächst nur ein indifferentes, *Gut ...* über die Lippen. Er fährt dann fort, seiner Art entsprechend, Kritik indirekt zu äußern, *Also, ich weiß nicht ...* Das versteht Veronique sofort auch so wie Alain es gemeint hat

– trotz ihrer Tränen verliert sie sich nicht in ihrem Schmerz –, und ihre Antwort ist eindeutig. ... *Monsieur, bitte ...* Auch seine Ehefrau maßregelt ihn, *Alain.* Und jetzt, in einem »Zustand« höchster Verzweiflung, erleben wir eine äußerst klar denkende Veronique. Von dem distanzierten *Monsieur* wechselt sie nun zu dessen Vornamen und spricht ihn direkt an. *Alain,* sagt sie, *wir beide haben nicht das Geringste gemeinsam, aber verstehen Sie, ich lebe mit einem Mann, der ein für alle Mal entschieden hat, dass das Leben mittelmäßig ist, es ist sehr schwierig, mit einem Mann zu leben, der sich in dieses Vorurteil verkrochen hat, der nichts ändern will, der sich für nichts engagieren will ...* Sie unterzieht, wahrscheinlich zum ersten Mal in ihrer langjährigen Ehe, ihren Mann und ihre Beziehung zu ihm – öffentlich – einer nichts mehr beschönigenden Analyse. So nah liegen Gefühl und Denken beieinander, bilden eben keinen Gegensatz, sondern bedingen sich.**(52)** In ihrer »kalten« Erregung spricht sie »ohne Punkt und Komma«, reiht die unterschiedlichen Gedanken in einem einzigen Satz aneinander, sodass Michel seine Frau nur unterbrechen kann. Er ist nicht in der Lage, sich inhaltlich mit dem, was sie gesagt hat, auseinanderzusetzen. Er ist derart überfordert, dass er nur noch Abstand von sich nehmen kann, in dem er sich zur dritten Person macht. *Das ist ihm egal. Das ist ihm scheißegal.* Darauf geht Veronique schon gar nicht mehr ein, sie fährt weiter fort und kommt zu der, für sie offensichtlich alles entscheidenden, Frage, und die stellt sie einem Mann, den sie erklärtermaßen nicht mag, aber intellektuell für voll nimmt. (Wie geistig vernachlässigt muss sie sich über all die Jahre ihrer Ehe in der Beziehung zu ihrem Mann vorgekommen sein!) *Man braucht doch den Glauben ... den Glauben daran, dass es besser werden könnte, oder?* Neben allem anderen, was in unserem »asozialen« Abgrund gedeiht, scheint auch das Glücksverlangen unausrottbar. Denn was könnte Veronique mit dem *besser* anderes meinen, als das, was alle – also auch dich und mich – bis zur Verzweiflung antreibt: Geliebt-werden-wollen.**(53)**

Für die eingangs gestellte Frage, warum Michel nicht möchte, dass seine Frau trinkt, findet sich im Text allerdings keine Antwort. Wir können nur vermuten, dass Veronique eine (trockene) Alkoholikerin ist. Würde Michel klüger auf Annettes Frage, *Und sie?* reagiert haben, etwa in dem Sinne von, *Meine Frau mag einfach keinen Schnaps.* wäre die Szene wahrscheinlich nicht eskaliert und Veronique hätte sich nicht – wider besseres Wissen – hinreißen lassen.

Offen bleibt, was mit der Flasche nach Annettes Frage passiert. Michel könnte sie einfach wieder abstellen, und die Szene liefe weiter wie geschrieben. Das wäre denkbar. Aber ebenso ist auch folgendes Szenario vorstellbar:

Michel, die Flasche noch in der Hand haltend, greift jetzt nach einem weiteren Glas, gießt Rum ein, sagt, *Na gut,* und hält es seiner Frau hin. Die zögert, aus bekannten Gründen. Michel erhöht den Druck, *bitte,* doch Veronique zögert noch immer. Die Gäste wissen nicht, worum es geht, ihnen bleibt dieser Vorgang verborgen. Gewissermaßen unter dem Schutzschild ihres gesellschaftlich angepassten Benehmens bleiben Veronique und Michel auf einer weiteren – der für sie existenziell entscheidenden – Ebene unsichtbar. Und was sie auf dieser tun, ist ihre Beziehung verhandeln. Sie wissen, was das eine getrunkene Glas nach sich ziehen könnte, ist ihnen die Vergangenheit doch, auf einer weiteren, dritten Ebene, nur allzu präsent vor Augen: Ihr erster Zusammenbruch, volltrunken bis zur Bewusstlosigkeit, eingenässt auf dem Teppichboden im Wohnzimmer, der heimkehrende Ehemann, der nun akzeptieren muss, was er nicht wahrhaben wollte, die Einweisung ins Krankenhaus, die Ehefrau, die wieder zu sich kommt, zutiefst beschämt und trotzdem dankbar, dass er sie irgendwie wieder hergerichtet hat, bevor der Notarzt eingetroffen ist, ein letzter Blick zwischen den beiden, die selbst jetzt noch ihre »Normalität« organisieren, was ja nichts anderes heißt als auf noch einer weiteren Ebene ein quasi neues, gelogenes Leben an die Stelle des alten, gelebten zu setzen – und dieses dann als Nichtschauspieler(!) auch noch glaubwürdig zu vertreten. Er werde den Kindern einfach sagen, die Mama hätte überraschend zur erkrankten Oma gemusst und werde die nächste Zeit erst einmal dort bleiben müssen, und für seine Mutter werde ihm schon noch etwas einfallen. Sie solle sich keine Sorgen machen und einfach nur an sich denken. Der Krankenwagen fährt los – stehend k.o., beide. Dann, Wochen später, die erste Begegnung nach ihrer Rückkehr. »Trocken« sei sie jetzt, aber sie dürfe halt nie mehr auch nur einen Schluck... Die erste Nacht, welche Bewegungen sind noch vertraut, wie funktioniert überhaupt Liebe? Ist diese Mischung aus Unbeholfenheit, Sprachlosigkeit, Demütigung und Dankbarkeit, in der sich ihrer beider Überforderung Bahn bricht, überhaupt Liebe zu nennen? Deckt sich diese Nacht noch im Ansatz mit den (erotischen) Anfängen ihrer Beziehung? Nach jener Nacht sind sie einfach wieder zum »Tagesgeschäft« übergegangen, eine Alltäglichkeit behauptend, die sie zunächst rettet, dann aber unweigerlich zu genau der Situation führen musste, die sie nun wieder einholt? Tränke Veronique jetzt, wäre dies das Ende ihrer Ehe, die einer

Jeder Mensch trägt ein Zimmer in sich.
Franz Kafka

Trennung gleich käme. Daran hatten die (Ehe-)Partner noch zwei Minuten zuvor nicht gedacht, geschweige denn diese gewollt, aber nun hätten sie diese vollzogen und Michels, *was soll's?* wäre die, aus der Ohnmacht kommende, Kommentierung ihres Scheiterns. Und auch diese Erkenntnis würden die frisch Geschiedenen sich nach dem Text (sprachlos) vergegenwärtigen – in einem »Augenblick« höchster Intimität, der in seiner Dynamik dem Beginn ihrer Liebe in nichts nachstünde.

Nehmen wir nun an, dieses (nur ansatzweise skizzierte) Leben sei auch das gelebte: Wie hat Michel dann den Rum warum eingeschenkt und wie hat ihn Veronique warum getrunken?**(54)**

Das Ehepaar könnte »außer sich« sein. In dieser emotionalen Extremsituation könnte Michel (unkontrolliert) ein Glas gegriffen, in einer heftigen Bewegung vollgeschüttet und nicht weiter darauf geachtet haben, ob es überläuft. Veronique hätte es ihm (unkontrolliert) aus der Hand reißen und ebenso achtlos den Rum in sich hinein gekippt haben können. Das wäre quasi die Eins-zu-eins-Illustration ihrer inneren Verfassungen. Zwei Gründe sprechen gegen diese zunächst naheliegende Version: Zum einen inhaltlich, dass die Gäste ja davon nichts mitbekommen sollen. In ihrer Beziehung scheint es wohl doch noch einen Rest von Schamhaftigkeit zu geben. Zum anderen schauspielerisch, als sich ja nur das vermittelt, für das ich mich entschieden habe, das ich bewusst, kontrolliert und wiederholbar durchführe. Ansonsten wird die Wirkung eine unangenehm private sein.

Michel könnte wesentlich von seinem Geiz geprägt sein. Er, der als Vertreter begonnen und über »die Ochsentour« den gesellschaftlichen Aufstieg geschafft hat, gibt auch jetzt sein Geld nicht leichtfertig aus. Wahrscheinlich ist er kein Genießer. Dem Rum kommt eher die Funktion zu, vor dem intellektuellen Alain als ein »Mann mit Geschmack« dazustehen, als jemand, der diesem »das Wasser reichen« kann. Veronique hingegen könnte ein Selbsthass zu eigen geworden sein. Sie, die sich als Autorin nicht wirklich durchgesetzt hat, arbeitet halbtags als Verkäuferin, was nicht zwingend für den Erhalt des Lebensstandards sein muss. Vielmehr kommt ihrer Tätigkeit in besagter Kunst- und Geschichtsbuchhandlung eine eher »therapeutische« Funktion zu, dass auch ihr Leben irgendeinen Sinn ergeben möge. Sie hat sich nur notdürftig damit arrangiert, kein wirklich »emanzipiertes« Leben zu führen. Den entscheidenden Schritt in ein selbstbestimmtes Leben ist sie bisher nicht gegangen, vielmehr muss sie sich als alkoholsüchtiges Opfer ihres eigenen Versagens sehen. Michel könnte also zunächst mit sich hadern, ob er den teueren Schnaps nicht lieber einsparen sollte; das wären ja »Perlen vor die Säue geworfen«. Dieses Zögern entginge der desillusionierten Veronique natürlich nicht, und sie würde ihm seine Kleingeistigkeit »spiegeln«. Dergestalt mal wieder auf seinen eigentlichen (gesellschaftlichen) Platz verwiesen, entschiede er sich, den Rum nun doch zu opfern und – kochend vor Wut – füllte er das Glas, sehr bedacht, sehr langsam, nicht zu voll. Mit – einem im Ton freundlich-perfiden – *bitte,* reichte er es ihr. Derart provoziert stünde jetzt Veronique mit dem Rücken zur Wand, und es wäre an ihr zu reagieren. Nach einem Moment der Stille, in der sie ihrer beider Leben Revue passieren ließen – noch könnten sie zurück – vollzöge Veronique die Trennung, wendete den Blick ab und ohne ihren Mann eines weiteren Blickes zu würdigen, nähme sie das Glas und – bei vollem Bewusstsein – tränke sie es, sehr bedacht, sehr langsam, leer. Wo schon nicht ihr Leben wäre wenigstens ihr Scheitern ein selbstbestimmtes, und insofern hätte Michel den Kampf verloren; sein, *was soll's,* wäre das resignierte Eingeständnis dieser Niederlage.

Darüber hinaus könnte Michel, angetrieben von seiner (klein-)bürgerlichen Wut auf »die da oben«, denen alles »in den Schoß« gelegt wird, eine sadistische Seite offenbaren.**(55)** Veroniques Hass zielte eher auf ihren Mann, der sie, unter dem Deckmantel seiner Fürsorge, immer wieder hat spüren lassen, dass sie alleine ein Nichts ist. Er füllte also das Glas, sehr bedacht, sehr langsam, aber in dieser Variante: genauestens randvoll. Über die Dauer des Eingießens zelebrierte er die kommende Niederlage seiner Frau, in seiner Vorstellung schon abgenießend, mit einem in die Breite gezogenen, *Na gut,* vor ihren Augen gleichzeitig auch für sie! Dann hielte er ihr das Glas hin und mit größter Selbstverständlichkeit sagte er, *bitte.* Veronique müsste nur ihre Hand ausstrecken und es nehmen. Aber das kann sie nicht, denn seit ihrer Alkoholsucht hat sie keine ruhige Hand mehr, und sie würde – unter den Augen von Annette und Alain – unweigerlich den Rum verschütten. Ein letzter Rest von Selbstachtung verböte ihr aber, dem jetzt zutiefst Verachteten diesen Triumph zu gönnen. Und mit einem kalten Hass – die Trennung entschieden, durchgeführt und schon Geschichte(!) – nähme sie, ebenso konzentriert wie ihr Mann, das Glas und tränke es, ohne einen Tropfen zu verschütten, sehr bedacht, sehr langsam, auf ex. Nach einer für Michel endlos langen Zeit, in der Veronique dem Brennen des ungewohnten Alkohols in ihrem Mund, ihrem Hals bis zum Magen hätte nachgehen müssen, schaute sie ihren Mann wieder an – und er sie. Was für ein (bitterer) Triumph läge in ihrem Blick – was für ein (fassungsloses) Scheitern in seinem; und ein Blick, der doch nur ihrer beider Niederlage besiegelte! Jetzt hätte Veronique sich nach all den Jahren entschieden, sie wäre »den« Schritt in ihrem Leben gegangen – (leider) nicht für, sondern gegen sich.

Das kleinste physische Detail legt die Figur nicht nur in ihrem – ihr unter Umständen gar nicht bewussten – Innersten frei. Es kann ihm auch eine entscheidende dramaturgische Funktion zukommen. In diesem Fall wäre der Augenblick vor dem Trinken derjenige, an dem die Beziehung ihren Wendepunkt nähme. Mit diesem dramaturgischen Wissen erführe die Figur ihre weitergehende Ausgestaltung. Es ginge nämlich nicht mehr nur um ein realistisches Spiel, also um deren »oberflächlich-realistisches« Erscheinungsbild, sondern um die Geschichte, die erzählt werden soll. Wenn dem Augenblick von Veronique und Michel vor dem Trinken diese existenzielle Bedeutung zukäme, könnten – als eine Möglichkeit – deren Darsteller das bisherige, normale Tempo, in dem sie mit ihren Figuren auf diesen Punkt zusteuerten, quasi bis zum Stillstand verlangsamen, um dann danach, als wäre nichts geschehen, geradezu unbeschwert weiter zu agieren. Die beiden Schauspieler würden durch ihre Fokussierung auch den Blick des Zuschauers darauf lenken. Sie würden ihre Figuren – unbedingt – weiterhin logisch durchführen, nur eben »strecken«, so wie ich ein Kaugummi in die Länge ziehen kann, ohne dass es reißt.**(56)** Diese »Verlängerung« gäbe dem Zuschauer auch die Zeit, diese Zäsur in ihrer Bedeutung für die Geschichte zu erfassen; er würde nicht nur auf der üblichen »Betroffenheitsebene« angesprochen, (etwas polemisch: geistig entmündigt sowie emotional genötigt), sondern er könnte sich zu dem Geschehen in Beziehung setzen und dieses – im Rückgriff auf seine eigene Geschichte – beurteilen.**(57)**

Ab jetzt wäre die Tonalität der beiden frisch Getrennten eine vollkommen neue. Angesichts des Einsturzes ihrer bürgerlichen Fassade erübrigte sich jegliche weitere Beschönigung ihrer gescheiterten Existenz. In diesem Sinne ist Veroniques sich direkt daran anschließende öffentliche Demütigung ihres Mannes nur konsequent.

Das genaue Wissen um das Wie-Warum-Tun der Figur gestattet mir quasi an jedem x-beliebigen Punkt ihrer jeweiligen emotionalen Verfassung einen konkreten Zugriff auf diese. Anders formuliert: Ich halte die aufgefächerte Figur wie ein Spielkartenblatt in meinen

Händen, und ich entscheide, wann ich welche Karte wie ziehe. Ich bestimme das Spiel, und das schließt mein Wissen um dessen rhythmischen Verlauf mit ein.

Die hundertprozentige Konzentration auf mein schauspielerisches Tun verleiht der Figur ihre Realität.

Splitter auf dem Weg

Die unzulässige Vermischung der drei, eine Figur kennzeichnenden, Ebenen – der physischen, der textlichen so wie der privaten – lässt sich in kleinsten, physischen Reflexen nachweisen; Splitter auf dem Weg zu Ihrer Ich-Figur(**58**). Ein einziger, auf den Sie mit Ihrer Figur treten oder der – in Ihrem Auge – Ihren Blick trübt, ist einer zu viel. Oft merken Sie es nicht einmal und wenn, können Sie die Ursache dafür nicht ausmachen. Augenblicklich ist die Luft raus und reflexhaft müssen Sie Ihr Spielen wieder »aufpumpen«, was die »Stärkeren« für professionell erachten, die »Schwächeren« zunehmend an sich zweifeln lässt.

So winzig diese Splitter im Einzelfall auch sein mögen, sie sind die unüberwindlichen Grenzsteine Ihres schauspielerischen Ausdrucks.

Eine Möglichkeit der Grenzerweiterung könnte darin bestehen, es erst gar nicht zu einer Vermischung der drei Ebenen kommen zu lassen, also im Vorfeld des Spielens an die Wurzel für deren Entstehen zu gehen, in dem Sie Ihr – im weitesten Sinne defizitäres – Selbstwertgefühl zur »Inspektion« geben. Das kann, auf lange Sicht gesehen, sehr sinnvoll sein, aber am Set bleibt dafür keine Zeit.**(59)**

Die praktikablere Möglichkeit besteht darin, in diesen Splittern einfach nur ein technisches Problem zu sehen, das direkt vor Ort behoben werden kann; so wie man – um im Bild des Pumpens zu bleiben – beim Autofahren vor der Reise für den richtigen Reifendruck sorgt. Diese Vorgehensweise hat einen entscheidenden Vorteil: Ich komme – im Sinne der Verkörperung der Figur – sofort wieder richtig in Fahrt, einfach weil die physischen Abläufe dieser entsprechen und zwar vollkommen unabhängig davon, wie ich mich fühle. Ein wenig zynisch auf den Punkt gebracht:

Vollkommen egal, wie ich mich fühle, sieht eh keiner.

Komme ich mit meiner, wie auch immer erarbeiten, Figur ans Set, werde ich überdies damit beschäftigt sein, die, oft als äußerlich empfundenen, zu organisierenden Abläufe der Szene in den Kopf zu bekommen, um sie dann mit der geforderten inneren Verfassung der Figur zu koordinieren. Was insbesondere dadurch erschwert werden kann, wenn sich die Auffassungen der Regie nicht mit den meinigen decken. Ich kann mich noch nicht zu hundert Prozent auf deren Verkörperung fokussieren, wiewohl dieser Vorlauf unerlässlich wäre. Oft bleibt dann nicht die Zeit, diese Abläufe sinnfällig, sprich zu einer aus der inneren Verfassung der Figur heraus notwendigen Handlung, werden zu lassen. Und in den nächsten Einstellungen muss ich mich ja an diese auch noch exakt halten, damit die Anschlüsse stimmen. Durch diese gesplittete Konzentration fahre ich die Szene »mit angezogener Handbremse«. Ich bin, neben allem anderen, was mich privat-gedanklich in Besitz nimmt und von dem ich – fälschlicherweise – meine, mich befreien zu müssen, um »nur« die Figur sein zu können, eben immer auch mit dem beschäftigt bin, was ich gleich als nächstes noch tun muss. Ich habe also nicht im Ansatz die Chance, den Rhythmus der Figur und darüber hinaus auch noch den der Szene zu erwischen, geschweige denn, mich diesem überlassen zu können, also in jenen Zustand »reaktiver Passivität« zu kommen, den das »Aufscheinen« der Figur zu seiner Voraussetzung hat.**(60)** Egal, in welchen Reflexen ich auch mein Heil suche:

Erst, wenn die Situation, die Geste, die Stellung, ja selbst die Blickrichtung gefunden ist, wenn also der Körper stimmt, wird der Ton richtig sein.
Ernst Schröder

Mein Körper macht die Lüge nicht mit, er macht sie offenbar.

Was zählt ist nur, dass ich sicher sein kann, mich für die Verkörperung der Figur richtig gepolt zu haben, obwohl beziehungsweise gerade weil ich auf der dritten, der privaten, Ebene »unter Strom« stehe. Allerdings müssen die technischen Probleme in meinem Spiel als solche identifiziert werden.

Die hier aufgelisteten, am häufigsten vorkommenden, Splitter werden nur zu Demonstrationszwecken voneinander isoliert dargestellt, was auch nur bedingt möglich ist. Insofern haftet ihrer Trennung etwas Willkürliches an. Im Spielvorgang selbst sind sie selten alleine anzutreffen; sie bedingen sich vielmehr gegenseitig.

1. Das Blicken im Raum

Eine Szene ist nicht selten schon beendet, bevor sie begonnen hat, was gleichermaßen für die Bühne wie für's Set gilt: Ich soll, durch eine Türe kommend, einen Raum betreten; ein alltäglicher Vorgang, den niemand, auch die Regie nicht, mehr bewusst wahrnimmt, beginnt doch die eigentliche Szene erst, wenn die Figur Text hat. Ich öffne also die Tür – und ich öffne sie: gesenkten Blicks. Zugegeben, eine Lappalie, Splitter eben, aber im normalen Leben würde ich das nicht tun, es sei denn, ich suchte etwas auf dem Boden oder dieser selbst, etwa ein neu verlegtes Parkett, würde meine Aufmerksamkeit beanspruchen. Ich trete nicht als oder in der Figur auf, sondern privat, gewissermaßen nackt, ungeschützt, und so möchte ich nicht gesehen werden. Also senke ich (beschämt) den Blick, ohne, dass mir dieser Vorgang zwingend zu Bewusstsein käme.

Je nachdem wie groß meine Verunsicherung ist, kann es mir passieren, dass ich zudem erst gar nicht weit genug in den Raum hinein gehe, um problemlos hinter mir wieder die Türe schließen zu können. Mein Auftritt wirkt zudem noch unbeholfen. Schon diesem kurzen Vorgang ist anzumerken, dass ich ihn, dadurch dass ich währenddessen auch noch schneller werde, nur hinter mich bringen will.**(61)** Als Zuschauer ziehe ich falsche Schlüsse, da ich ja in diesem Vorgang schon die Figur zu sehen glaube.

Alles was ich in der Folge aus diesem bedingten Reflex der Verweigerung auch tue und ganz gleich wie gut ich es auch meine, es ist falsch, denn die Figur bleibt in ihrem Erscheinungsbild diffus und konturlos. Ich kann auch gar nicht anders, ich muss mich sogar weiterhin logisch-falsch verhalten, weil mein Körper, das Falsche meines Spiels nicht mittragend, etwas dagegen setzen muss, und das kommt am häufigsten in einem angezogenen (Sprech-)Tempo behauptend daher.

Die Folgen sind gravierend: Indem ich meinen Blick gesenkt halte, wird der Raum mein Feind, gegen den ich, aus einer defensiven Rechtfertigungshaltung heraus, anspiele. Dass dies zu dem, was Spielen auch auszeichnet – Leichtigkeit und Spaß auf Seiten der Macher, Ansehnlichkeit und Genießen auf Seiten der Zuschauer – in krassem Widerspruch steht, ist klar.**(62)** Wenn ich den Raum nicht wahrnehme, gewähre ich auch keinen Einblick in die emotionale Verfassung der Figur:

Nur wenn ich mit meinem Blick »draußen« bin, kommt der Zuschauer auch mit seinem »rein«.(63)

Damit ist nicht gemeint, dass Sie mit ihrem Blick mechanisch draußen bleiben, sich also möglicherweise an irgendetwas festhalten oder gar mit Ihrem Blick erstarren, vorzugsweise in den Augen Ihres Partners. Ihre Wahrnehmung ist real in dem Sinne, als das, was Sie sehen, in Sie hineinfällt, und Sie sich damit auseinandersetzen und zwar unmittelbar-bewertend, gewissermaßen gegen Ihren Willen. Diese Schicht kommt zu jeder Figur, die Sie verkörpern, noch dazu.

Sie ist der »Kommunikationskanal«, über den Sie mit der (Außen-) Welt in Kontakt treten. Über diesen vermittelt sich Ihre Figur als eine wahrhaftige. So geben Sie den Blick frei auf deren innere Verfassung, Und es braucht keine weiteren illustrierenden Zutaten Ihrerseits, um den Braten schmackhaft zu machen.

Wann immer Sie unsicher sind, ob Ihr (Spiel-)Verhalten organisch-schlüssig, also figurenkonform, ist, betätigen Sie sich als Systemspringer und schauen Sie, wie sich dieser Vorgang in ihrem Leben ausnähme: Öffnen Sie eine Türe, halten Sie ihren Blick am Boden, betreten Sie den Raum, drehen Sie sich um und schließen mit unvermittelt angezogenem Tempo die Türe, drehen Sie sich wieder nach vorne, und heben Sie dann Ihren Blick – keine Chance! Normalerweise bleibt Ihr Blick da, wo er gerade ist, zumeist auf Augenhöhe in dem Raum, den Sie betreten.

Was könnte vor dem Auftritt, während ich auf mein Auftrittszeichen warte, falsch gelaufen sein? Abgesehen davon, dass einige – ganz die Profis – noch kurz ihre Handys checken, wäre es auch denkbar, mich ganz allgemein zu konzentrieren, um gleich gut spielen zu können – eine Bemühung, die mit der Figur in keinem Zusammenhang steht. Effektiver wäre es, sich der Figur in dem Sinne zuzuwenden, als ich mir klar machte, in welcher (psychophysischen) Verfassung diese ist, wenn sie die Tür erreicht. Dann könnte ich, sobald mein Auftrittszeichen kommt, gewissermaßen auf den fahrenden Zug, in dem die Figur anreist, aufspringen und käme gleichzeitig mit ihr, in dem ihr eigenen Rhythmus, an, und wir gemeinsam, wenn Sie so wollen, öffneten die Tür.

Nehmen wir an, die Figur käme unvermutet in die Wohnung gestürmt, weil sie, von Eifersucht getrieben, ihren Liebsten mit dem Briefträger auf dem Sofa vermutet – ein ausgesucht niveauloses Beispiel, aber für unsere Zwecke genau richtig. Ich werde, schon weil die Situation so unsäglich ist, die Eifersucht nicht fühlen können – wie auch! Es reicht jedoch für die Glaubwürdigkeit meines

Spiels vollkommen aus, um die Eifersucht der Figur zu wissen, um dann wie diese durch die Türe zu **stürmen.** Die Überraschung wäre perfekt, mein Verhalten konkret. (An dieser Konkretheit kann ich weiter arbeiten, idealerweise mit dem Regisseur zusammen.) Die Figur könnte ja, weil die Angst vor der – noch im *Off* – **reflexhaft vorgestellten** Wahrheit sie zusammenbrechen lassen würde, eben diesen Moment lang **zögern**, um dann aber doch **entschlossen** die Tür zu öffnen. Weiter in der Ungewissheit zu leben wäre die noch schlimmere Vorstellung und deshalb – immer noch im *Off* – **träfe sie die Entscheidung**, sich auf die nur vorgestellte Wahrheit beziehend, dieser **ins Auge zu schauen.** Das wäre ein anderer Vorgang, der eine ganz andere Persönlichkeit »zu Tage förderte«, als eine, die blind vor Eifersucht in den Raum stürmte. Und auch diese hätte in ihrer »Raserei« – im *Off* – eine Entscheidung getroffen, dass es ihr eben scheißegal sei, was die Entdeckung der möglichen Wahrheit für Konsequenzen nach sich ziehen könnte.

Ich wäre also mit meiner Konzentration nicht mehr bei einer allgemein-illustrierenden Ausgestaltung von Eifersucht, sondern bei dem, wie diese auf auf die jeweilige Figur durchschlagen und was für eine physische Reaktion das hervorrufen würde. Und diese Reaktion ist so komplex wie einmalig, eben wie die jeweilige Figur, die Sie verkörpern. Mit anderen Worten, ein Gefühl tritt nicht allein, sozusagen in Reinform, auf, sondern ist verwoben mit der unverwechselbaren Persönlichkeitsstruktur der Figur und charakterisiert diese auch gleichzeitig.

Nehmen wir – klischeehaft – an, der Betrogene sei ein älterer Homosexueller, der befürchten müsste und eigentlich auch immer schon gewusst hat, dass sein um viele Jahre jüngerer Freund ihn betrügt und eines Tages auch verlassen und er alleine zurückbleiben würde. Schon das Wissen um den um nichts in der Welt rückgängig zu machenden Prozess des langsamen Absterbens – »Muckibude« abonnieren, Fett absaugen und Botox spritzen hin oder her – wird seine »Eifersuchtsattacke« sich von einer hysterisch-depressiven Verzweiflung herleiten und den Betrogenen in der Folge ganz anders um die Beziehung kämpfen lassen, als etwa einen im Beruf erfolgreichen CEO im sogenannten besten Alter. Der ist im ersten Moment zwar in seiner Eitelkeit gekränkt, weil seine Frau mit dem nächstbesten Briefträger ins Bett steigt, aber schon im zweiten beschließt, sie in die Wüste zu schicken und dafür Sorge tragen wird, dass sie bei der Scheidung leer ausgeht. – Jede Figur hat ihre eigene durchgehende »Betriebstemperatur«, die den Grad des Ausbruchs bestimmt.

Für die Stressgeplagten unter Ihnen – Kind zur Kita, Stau vorm Studio, Text im Taxi –, gäbe es auch die »vorbereitungslose« Variante des Auftretens: Dazu müssten Sie nochmal kurz zurückspringen ins undramatisch Normale. Was Sie ununterbrochen auch noch tun, selbst wenn Sie nur eine Tür öffnen, ist **denken**! Sie können – leider – nicht nicht denken. Es gibt nun Schauspieler, die meinen, wenn sie erst einmal wie die Figur dächten – und sie sind überzeugt davon, dies auch zu können –, dass dann alles gut sei, weil sie dann ja richtig spielten. Ich persönlich habe keine Ahnung von dem, was eine Figur denkt – *Was, bitte schön, denkt Hamlet?* Ich weiß nur, dass sie denkt. Für Ihr Spiel hieße das, was auch immer Sie denken, öffnen Sie die Tür, und Sie sind auf der Höhe der Figur. Sie müssen nur darauf achten, dass Sie über den Vorgang des Türöffnens hinaus weiter Ihren Gedanken **nachhängen**, also die zwei Handlungsstränge parallel durchführen.(**64**) Wenn es Ihnen gelingt – im *Off* – die Figur dergestalt »beim Schopfe« zu packen, läuft diese dann oft von ganz alleine bis zum Ende richtig durch die Szene – Ihr Körper macht das schon.

Einige Schauspieler betreten auch bewusst mit gesenktem Blick die Szene, wenn sie sich überrascht zeigen müssen, jemanden zu sehen, mit dem sie nicht gerechnet haben. Sie richten sich auf den Moment der Überraschung ein und fangen erst dann an zu spielen; das heißt sie treten (auch in diesem Fall) als Privatperson in den Raum, und ihre Darstellung wird und wirkt falsch. Weil die Figur immer mit etwas anderem gedanklich beschäftigt ist, kann es überhaupt nur zu einem organisch – im und durch den Augenblick – entstehenden Ausdruck der Überraschung kommen. Diesen richte ich, auf der dritten, privaten Ebene, ein, in dem ich die Figur in eine gedankliche »Dekonzentration« führe, also möglichst weit weg von der Überraschung, um diese dementsprechend »groß« in mir geschehen lassen zu können.

Nehmen wir an, ich sei in Gedanken schon wieder auf dem Weg in besagten Supermarkt, weil ich zu allem Überfluss auch noch die Butter vergessen habe und dabei treffe ich auf einen Menschen, den ich tagtäglich sehe, dann wird meine Überraschung anders ausfallen, als wenn ich an jemanden denke, den ich schon Jahre nicht mehr gesehen habe, von dem ich gar nicht weiß, ob der noch lebt und just dieser Mensch rempelt mich unversehens an. Unmittelbar genervt will ich ihn schon anblaffen, als... – Keine unbedingt häufig vorkommende Situation, aber auch diese könnten Sie »einrichten«, sollte der Regisseur die Überraschung »groß« haben wollen. Wie gesagt, ich sehe ja nicht, was Sie denken...

Ihr schauspielerisches Potenzial fördern Sie also nicht dadurch an die Oberfläche, indem Sie sich allgemein-locker geben, sondern durch das komplette Gegenteil: durch den Zugzwang, in den Sie sich bringen. Das erhöht die Wahrscheinlichkeit, dass Sie reflexhaft »ganzkörperlich« reagieren und nicht souverän »gesichtstechnisch« gestalten.

Manchmal ist der gesenkte Blick auch der sprachlich wie dramaturgisch unzureichenden Vorlage geschuldet. Um eines dramatischen Effektes willen sieht das Buch vor, Ihre Figur durch die Tür auftreten zu lassen. Die Grundlosigkeit Ihres Tuns ist zu offensichtlich, als dass Sie nicht den Blick senken könnten, hoffend, dass sich das irgendwie verspielen werde. Oder Sie suchen sich zu retten, indem Sie sich hinter irgendeiner Aktivität verstecken, die aber mit der Situation der Figur in keinem zwingendem Zusammenhang steht, wie zum Tisch gehen und sich hinsetzen oder zum Kühlschrank und sich eine Flasche Mineralwasser nehmen. Sie überbrücken, wie immer zu schnell, den toten Raum, bis Sie endlich Text haben, den Sie dann zu schnell sprechen.

Das einzige, das sie auch hier rettet, ist Ihrem Tun eine Notwendigkeit zu geben, dieses aus der Logik der Figur heraus zu rechtfertigen – in jeder Situation aufs Neue. Wäre der Raum Teil einer Wohnung, die Sie mit anderen bewohnten, dann könnte Ihnen, auf dem Weg zum Supermarkt eingefallen sein, dass Ihr Portemonnaie wohl noch auf Ihrem Schreibtisch liegen muss, weil Sie Ihre Scheckkarte für eine Onlineüberweisung brauchten. Jetzt ist es schon kurz vor Ladenschluss. Sie müssen sich beeilen, hetzen – *Mal wieder einer von diesen Scheißtagen, an denen aber auch alles schief läuft!* – in den Raum und zeigen sich angesichts der vorgefundenen Situation nun **zutiefst überrascht(65)**. Überdies können Sie auch nicht so schnell umschalten, müssen Sie doch erst einmal **runterkommen, hin- und hergerissen** zwischen dem Wunsch, einerseits einkaufen und andererseits **nicht unhöflich erscheinen zu wollen**. Sie haben also gedanklich genug zu tun, und Ihr Nicht-Sprechen ist sinnfällig und kennzeichnet die Figur in ihrer momentanen Befindlichkeit; mit anderen Worten, Sie »dynamisieren« einen Zustand.

Es kann auch sein, dass Sie in einen Raum treten müssen, der für die Szene nicht vorgesehen war, aber aus Dispositionsgründen nun für jene genutzt wird. Sie könnten das durchaus kritisch anmerken.

Und sollten das an der richtigen Stelle und zur richtigen Zeit auch tun – in jedem Fall aber ohne Gesichtsverlust für den Verantwortlichen. Aber am Set bringen Sie sich nur in den Widerstand, und der mindert Ihre Leistungsfähigkeit. Am Ende des Tages, wie es so schön heißt, sind nur Sie auf dem Bildschirm zu sehen, niemand sonst. Also kapitulieren Sie nicht und senken Ihren Blick, sondern finden Sie eine Rechtfertigung und spielen Sie weiter.

2. Das Stehen im Raum

Kaum dass geklärt ist, wie ich »erfolgreich« auftrete, stellt sich die nächste Frage: Wo stelle ich mich wie hin? Etwas entfernt auf der Couch sitzt mein Liebster immer noch mit dem Briefträger, (in diesem Falle ein Mann), die mich, beide zu Salzsäulen erstarrt, schuldbewusst anschauen. Ich muss – im Buch steht *vollkommen überfordert* (s. auch Anm. **27**) – sagen, *Fuck! Was hat das denn zu bedeuten? Ich glaub, ich bin im falschen Film!* (Der Text ist auch nicht wirklich überzeugend.) In aller Regel gehe ich, meine Überforderung ableitend, zwei, drei Schritte in den Raum hinein und bleibe – irgendwo irgendwie – stehen. Einige Schauspieler, vorwiegend die männlichen, vertreten sich wie nebenbei noch schnell die Füße, in dem sie ein paar Mal ihr Gewicht von einem auf den anderen Fuß verlagern, um dann – ein Denkmal auf dem eigenen Sockel – etwas zu breitbeinig mit leicht erhobenem Kopf auf angespannten Schultern zu verharren. Dann holen sie Luft für den Satz, der nun im Sinne der Regieanweisung *vollkommen überfordert* eingefärbt, zu schnell gesprochen werden muss. Die weiblichen drehen ihren Kopf meist leicht nach rechts oder links, sodass sie nur indirekt und nicht unmittelbar zum Sofa schauen müssen, atmen durch einen leicht geöffneten Mund ein, halten die Luft an und wenn sie so weit sind, wird der Satz, *vollkommen überfordert* eingefärbt, zu schnell gesprochen werden müssen.

Diese Beschreibung mag Ihnen mal wieder als zu kleinteilig und übertrieben-klischeehaft vorkommen, aber sie trifft einen wesentlichen Punkt: Die Schauspieler agieren ohne Wahrnehmung für den Raum, in dem sie verloren herumstehen, und sie nehmen reflexhaft Abstand von sich! Sie »kippen« aus ihrer Achse nach vorne, um den fehlenden Bezug zum Partner zu überbrücken. In ihrem privaten Druck stehen ihnen ihre Persönlichkeiten für die »Erfüllung« der Figur nur noch eingeschränkt zur Verfügung. Und so bleibt Ihnen gar nichts anderes übrig, als den – seelenlos, frei im Raum schwebenden – Satz, *vollkommen überfordert* eingefärbt, zu schnell gesprochen hinter sich zu bringen. Sie sehen sich außer Stande, zwischen einzelnen Sätzen zu atmen, aber merkwürdigerweise – sinnwidrig – innerhalb von diesen. Selbst wenn ich sie darauf hinweise, können sie ihr Fehlverhalten im nächsten Take nicht ändern. Die physische Anspannung ist zu groß. Natürlich könnten auch mehrere Sätze auf einem Atem gesprochen werden, aber das setzt die Entscheidung voraus, die Figur in diesem Sinne zu führen.

Liegt vor mir eine Markierung auf dem Boden, die ich nach meinem Auftritt erreichen soll, gehe ich – jetzt damit beschäftigt, nicht auf den Boden zu sehen – bemüht normal weiter in den Raum. Stehe ich dann privat auf der Position, kommt dementsprechend auch mein Text privat. Ein weiteres Problem ist, dass dieser mit dem »Allerweltswort« *Fuck* beginnt.**(66)**

Eine Rettungsmöglichkeit: Über den Gang zu der Markierung käme ein gedehntes, *Fuck!* im Sinne von, *Das darf doch nicht wahr sein, was ich da sehe.* Wie **im Sog ginge ich** Richtung Sofa, verhielte mich also kommunikativ, da ich mit meiner Konzentration bei den beiden wäre, mein Gang sich aus meiner Bezugnahme bestimmte. *Bin ich schon so abgenutzt, dass ich durch einen Briefträger ersetzt werde!?* Und ich hielte unvermittelt inne – wie der Zufall es will auf der Markierung – *Ich mach mich doch vor denen nicht zum Deppen!* Derart **im Clinch mit meiner geglaubten und meiner vorgefundenen Realität**, käme der nächste Satz, jetzt richtig als Frage gestellt, *Was hat das zu bedeuten?* Und wenn ich **real entschiede**, dass keiner von *diesen Dreckschweinen* antworten wird, käme der dritte Satz, mit dem **ich mich vor mir selbst wieder aufzubauen und die beiden herabzuwürdigen suchte**, *Ich glaub, ich bin im falschen Film!* Hatte ich mich noch bei der Leseprobe über diesen *unspielbaren Scheiß* dem Regisseur gegenüber ausgelassen, käme von diesem nun ein lapidares, *Geht doch!*

Falls Sie für solche Details gerade keinen Kopf haben sollten, müssen Sie auch – *Kind aus der Kita…* – unbedingt wieder pünktlich vom Set, können Sie natürlich auch ganz pragmatisch auf die Markierung gehen und von dort aus rückwärts, Ihre Schritte zählend, auf Ihre Ausgangsposition. Beim Drehen müssen Sie dann nur noch mit dem richtigen Fuß starten.

3. Das Gehen im Raum

Jetzt stehe ich etwas näher an den beiden Fremdgängern und habe einen »Stand«. Das Drehbuch sieht nun vor, dass ich durch den großen Raum – es handelt sich praktischerweise um ein

Flur-Küchen-Wohn-Schlafzimmer-Loft – zum Kühlschrank gehe, diesem auf den Schock eine Flasche Mineralwasser entnehme und trinke.**(67)** Auf dem Weg dorthin unterlaufen mir nicht selten gleich zwei Fehler: Ich gehe gesenkten Blicks, und ich gehe mit angezogenem Tempo.

Kein Doktor kann dir etwas erzählen, was deine eigenen Knochen nicht schon wissen.
Billy Holliday

So verständlich es ist, dass ich mich angesichts meiner räumlichen Verlorenheit in mein Schneckenhaus zurückziehe – mich also in eine muskuläre Verspannung rette, die dazu dient, mein Wissen, das mein Körper von der Falschheit der Situation hat, nicht in mein Bewusstsein aufsteigen zu lassen, um mich nicht noch mehr zu blockieren –, so sehr kommt mir meine Figur weiter abhanden.

Steht die Kamera in dieser Einstellung direkt neben dem Kühlschrank, auf den ich zulaufen soll, dann endet mein Blick – und somit der Raum – vor den Füßen des Kameramanns. Gewissermaßen ohne eigenes Zutun verschließe ich mich auch jetzt, weil ich als der Mensch, der ich bin – immer wieder: beschämt, ebenso von wie in meiner Privatheit – nicht gesehen werden will. Wenn ich den Blick wieder hebe, muss ich mich, wie schon bei meinem Auftritt, gegen den Raum behaupten, die Kamera bleibt außen vor, und ich gerate in besagte defensiv-aggressive Haltung ihr gegenüber. Gelänge es mir, »erhobenen Hauptes« den Raum zu durchschreiten und diesen, über die Kamera hinaus, wahrzunehmen als den, der er ist, (ein Set halt), dann wären die Kamera und ich in demselben Raum, sie rückte automatisch an mich ran; ich hätte – pathetisch gesprochen – in ihr einen Freund, dem ich mein Innerstes anvertrauen könnte! So aber bleibt mir gar nichts anderes übrig, als die Unglaubwürdigkeit der Situation zu verkürzen und, den Raum überbrückend, zu schnell zu gehen. In diesem angezogenen Tempo bleibe ich auch, wenn ich den Kühlschrank öffne, ihm die Wasserflasche entnehme, damit zur Spüle gehe, mir dort ein Glas hole, dann zum Küchentisch, mir dort das Glas einschenke und dieses – meine Eifersucht jetzt groß demonstrieren sollend – auf einen Zug »exe«.

Der zu schnelle Gang ist auch meiner Handlungslosigkeit geschuldet. Ich würde mich ja mit der Situation, die die Figur so offensichtlich überfordert, gedanklich, also handelnd, auseinandersetzen müssen und wenn es auch in der Form wäre, dass ich, *vollkommen überfordert*, es eben nicht könnte! Mir würden **die Worte fehlen** beziehungsweise würde es **mir die Sprache verschlagen**. Aber selbst wenn dem so wäre, eines würde ich in jedem Fall: **denken**. Dieses Denken bestimmte das Tempo meines Gangs. Die Ursache für mein Fehlverhalten liegt – wie zumeist – davor: Ich durchquere den Raum nur verabredungsmäßig, aber ich gehe nicht zum Kühlschrank, weil ich mich dazu entschieden hätte. Ich gehe grundlos, laufe den Weg nur ab und muss deshalb zu schnell gehen, um diesen nur irgendwie – ungesehen – zu überbrücken. Angekommen, öffne ich den Kühlschrank – und nicht selten stehe ich in meiner Verkrampfung dabei nur auf einem Fuß –, entnehme ihm die Wasserflasche, die von der Requisite verlässlich da hingestellt worden ist, wo diese stehen soll. Ich muss nur hinlangen. Würde ich aber – wie im richtigen Leben – kurz inne halten, mit meinem Blick im Kühlschrank, die Flasche zunächst suchen und nähme diese erst dann – mich also mit meiner Konzentration zu hundert Prozent auf dieses Detail meines Tuns fokussierte –, wäre ich wieder sofort da, wo ich die ganze Zeit verzweifelt hinwollte – auf Augenhöhe mit meiner Figur.**(68)** Und alles Verhalten, was daraus erfolgte, wäre sofort wieder richtig. Ich würde also nicht, Eifersucht illustrierend, das Glas exen, sondern ich würde es bewusst leeren, sei es auf ex oder in kleinen Schlucken, aber auf jeden Fall leerte ich es über einen Gedanken, den ich durchführte und dem ich darüber hinaus weiter nachhinge. Mit anderen Worten, ich wäre, gerade weil die Figur *vollkommen überfordert* sein soll, in gewisser Weise passiv, ich wäre meinen Gedanken ausgesetzt, noch anders formuliert, es dächte mich.

Rauchst du eine Zigarette, rauche sie.
James Dean

Ein ähnliches Schicksal widerfährt dem Briefträger, der nach seinem Handy greifen, ein Taxi bestellen und dann den Raum verlassen soll. Auch er wird, den Blick schuldbewusst auf den Boden gerichtet, zu schnell den Raum durchqueren, aber – seiner privaten Eitelkeit erliegend – an der Tür inne halten und noch einmal, ohne wirklich etwas zu sehen, Betroffenheit ausdrückend, zurückblicken, um dann abzugehen und die Türe zu schließen, jetzt wieder zu schnell in den Abläufen. **(69/70)**

4. Das Tun im Raum

Im Alltag treffen wir, ohne es uns groß bewusst zu machen, ununterbrochen Entscheidungen. Wir könnten auch eine Figur zerlegen in die Abfolge der Entscheidungen, die sie trifft. Da ich unter dem Druck des Drehens vornehmlich mit dem organisierten Nachvollzug des auf der Stellprobe Vereinbarten beschäftigt bin, versage ich mir den Schritt zurück zu dem Punkt, der meinem Tun vorausgeht beziehungsweise es auslöst, und das ist eben die Entscheidung, die ich aus der Bewertung der Situation, in der ich bin, den Augenblick zuvor treffe.

Nehmen wir an, der Briefträger wäre eine Tagesrolle, den seine dramaturgische »Zuträger«-Funktion kennzeichnete, die Liebesbeziehung der beiden Protagonisten zu konturieren.**(71)** Eine Szene, die dazu verleitet, »mit einer Arschbacke« abgesessen zu werden. Nach der, als in der Wirkung nicht hörbar zu sprechenden, aber eben vernehmbaren, Aufforderung seines »Dates«, *Ich glaub, du gehst jetzt besser.* hätte er sein Handy zu ziehen und ein Taxi zu bestellen. Das ist eine der Aktionen, die, da sie ja nichts zum Verständnis der Geschichte, um die es geht, beitragen, gerne vermeintlich professionell »weggespielt« werden.**(72)** Der Darsteller des Briefträgers tippt dann halt irgendwie, das Handy ist ja eh tot und spricht auch meist sofort, *Ein Taxi in die Bismarckstr. 35.* ohne ein, *Guten Tag*, oder, *Bitte*, oder, *Auf Wiedersehen*, abzuwarten, was ja nur noch mehr aufhalten würde, und die Figur, so die Regie, stehe ja zudem noch unter großem Druck, weil der Betrug gerade erst aufgeflogen sei. So »druckvoll« der Telefonierende sich aber nun auch gibt, der Vorgang bleibt privat und bekommt, ohne dass es beabsichtigt ist, noch einen arroganten, unfreundlichen Anstrich. Verhetzt wird das Handy wieder eingesteckt, schnell nach der, praktischerweise gleich neben ihm liegenden – vom Kostüm verlässlich dort eingerichteten –, Jacke gegriffen und dann ab, gesenkten Blicks durch den Raum, zur Tür und raus – Spiel wie Spieler gleichermaßen beschädigt. So klein dieser Splitter auch ist, Sie sollten sich ihn unbedingt ziehen.

Und es ginge, ganz leicht, auch anders, und Sie blieben sowohl in dem von der Regie gewünschten angezogenen Tempo als auch in dem naiv-logischen Verhalten der Figur: Sie hätten die Nummer der Taxizentrale als Kurzwahl abgespeichert. Die Konkretheit Ihres Wählens – sehen Sie mir meine moralisierende Formulierung nach – rettet Ihre Figur und garantiert deren Glaubwürdigkeit.

Auf den Briefträger bezogen könnte es sein, dass diesem klar würde, dass er die beiden jetzt besser allein lassen sollte; es war wohl auch nur sein Körper gefragt und nicht seine Persönlichkeit. Als Folge dieser Auswertung träfe er die Entscheidung – die zu seiner »geschichteten« Situation dazu käme –, sein Handy aus der Tasche zu ziehen und sich ein Taxi zu rufen. In dieser, die Figur kennzeichnenden, Komplexität wäre sein Verhalten rhythmisch sofort richtig.

Verschärfen wir die Situation weitergehend dahin, dass der Briefträger Angst haben müsste, der Eifersüchtige könnte handgreiflich gegen ihn werden, was er unbedingt zu verhindern suchte. Mit diesem konkreten Ziel vor Augen, **seine Haut zu retten**, wäre sein Griff zum Handy motiviert, seine getippte Kurzwahl hoch konzentriert in der Ausführung und während er den kurzen Moment wartete, bis sich die Taxizentrale meldete, höbe er den Kopf, blickte nach vorne – in einen Raum, der hinter der Kamera weiterginge –, und sein leeres Gesicht offenbarte die Angst der Figur. Noch ein ansatzlos kurzer Blick, aus den Augenwinkeln auf den möglichen Aggressor am Küchentisch, und es käme sehr entschieden, in einem etwas unfreundlichen Befehlston, der seiner Not entspräche, *Ein Taxi in die Bismarckstraße 35*. An der leicht verschnupften Art der Antwort des Menschen in der Taxizentrale, der nicht zu hören ist, *Kommt sofort*, würde dem Briefträger seine Unhöflichkeit bewusst, die er nun mit einem sehr beziehungsvoll gesprochenen, *Danke*, wieder gut zu machen suchte, um sofort – auf einem Atem(!) – in einem, etwas leiseren, Ton des Selbstgesprächs fortzufahren, *Das ist gut, sehr gut sogar*. Auf das, *Schönen Tag noch*, würde er, nun wieder adressiert, *Ja, ja, Ihnen auch*, antworten, wobei er schon im Aufstehen begriffen wäre, um das Handy sofort in seine Tasche zu stopfen. Die Genauigkeit, mit der er die einzelnen Handlungsschritte durchführte, gäbe der Szene ihr spezifisches Tempo.

Der Schauspieler würde also nicht angstvoll schneller spielen, sondern, technisch gesehen, sogar breiter; wie die Mutter, die in ihrer großen Sorge um das Wohl ihres Kindes diesem klar zu machen sucht, *Du gehst erst bei grün!***(73)** Mit dieser konzentrationsmäßigen Ausrichtung auf den Menschen am anderen Ende der Leitung und der entsprechenden Durchführung des Gedankens wird die Dringlichkeit des Anliegens vermittelt.

Nun könnte er, das Handy in seine Hosentasche stopfend, sogar noch – seiner Eitelkeit als Schauspieler frönend, denn er wäre länger im Bild(!) – einen falschen Abgang hinlegen und das auch noch gerechtfertigt durch den starken Druck, unter dem die Figur wegen ihres Betrugs laut Regie ja stehe: Er entfernte sich zwei Schritte vom Sofa, dann fiele ihm ein, *Meine Jacke!*, die er, verbunden mit dem ansatzlos-kurzen Zwischenblick zum Küchentisch, nun noch schnell griffe, und dann ginge er zügig-normal Richtung Tür, in diesem Fall sogar mit einem gesenkten Blick – bloß nicht mehr auffallen.**(74)**

Um es ein weiteres Mal zu wiederholen: Es wird kein Zustand illustriert, sondern ein Vorgang vollzogen; die Figur macht eine Entwicklung durch, die nicht nur jeden Zuschauer mitnimmt, sondern auch den Regisseur, der, da bin ich mir sicher, diese Art des bewussten Agierens im Schnitt nicht vernachlässigen wird, folgt er doch schon beim Dreh erleichtert Ihrer logischen Handhabung der Figur.**(75)**

Was auch immer Sie tun, wie unbedeutend es aus dramaturgischer, wie unlogisch es aus Ihrer Sicht auch sein mag, ob es im Drehbuch steht oder nicht, distanzieren Sie sich nicht von den Aktionen und den Texten der Figur, sondern rechtfertigen Sie Ihr Tun aus der Logik der Figur heraus und tun Sie es, bei jedem Take mit aller Ihnen zur Verfügung stehenden Konzentration.

5. Der Abstand im Raum

Begabung ist, den »richtigen« Trick im »richtigen« Moment anzuwenden, ohne die Figur zu verraten.
Jochen Busse

Nach dem Abgang des Briefträgers soll ich, das leere Glas noch in der Hand, einen Moment *in einer großen inneren Verletztheit* »nur« dastehen. Dann kommt meine Liebe auf mich zu, das heißt, sie zählt die üblichen *einundzwanzig, zweiundzwanzig, dreiundzwanzig*, bevor sie losgeht. Sobald sie vor mir steht, habe ich, nun wieder *unversöhnlich*, zu sagen, *Wie konntest du mir das nur antun? Und auch noch mit einem Briefträger? Was hast du dir dabei bloß gedacht?* woraufhin sie *mit schlechtem Gewissen, Das tut mir so leid, aber lieben tue ich nur dich.* murmeln soll. – Soweit der Text der Szene.

Meine Liebe kommt auf nun mich zu und bleibt vor mir stehen – in dem kameragerechten Abstand, der sich darüber definiert, dass unserer beider Augen von der Kamera erfasst werden, was aber nicht zwingend unsere tatsächliche Beziehung widerspiegelt. Diese der Technik beziehungsweise der Sehgewohnheit geschuldete Distanz kann unser Spiel umgehend neutralisieren. Im Prinzip ist dieser Abstand immer der gleiche, unabhängig vom Inhalt oder dem Ort der jeweiligen Szene. Diesen Splitter kann sich auch ein Routinier nicht ohne weiteres ziehen. Im Gegenteil, je routinierter, umso größer die Gefahr, wie selbstverständlich in diese Position reinzulaufen und dort zu verharren, wie nebenbei auch noch darauf zu achten, das Gewicht unmerklich auf das linke oder rechte Bein zu verlagern, um keinen Schatten auf den Partner zu werfen und doch selbst ebenfalls im Licht zu bleiben und den Text erst dann zu veräußern, wenn der Tonangler so weit ist. – So sehr ein solches Verhalten auch Ihre Professionalität belegt, Ihre Figur bleibt auf der Strecke.

Um es an einem, nur noch bedingt überzeugendem, Klischee konkret zu machen, nehmen wir das Beispiel des älteren Homosexuellen, den sein sehr viel jüngerer Freund so **heimtückisch** mit dem Briefträger an den Rand des Abgrunds gebracht hat.**(76)** Dieser soll nun auf Sie zukommen und wenn er vor Ihnen steht, beginnen Sie, in der behaupteten Intimität der räumlichen Anordnung, zu sprechen. Und in aller Regel wird diese Szene, wie so viele davor und danach, so ablaufen: Stehen – gehen – stehen – Text – Szene im Kasten. Der eigentliche Fehler liegt wie so oft davor:

Sie sind, ohne Bezugnahme zu nichts und niemandem, ausschließlich damit beschäftigt, Ihre *große innere Verletztheit* – die Sie überhaupt nicht fühlen können – innerhalb von drei Sekunden irgendwie an Ihre Gesichtsoberfläche zu ziehen und auf dieser »auszudrücken«.**(77)** In Ihrer (Zeit-)Not wissen Sie sich nicht anders zu helfen, als sich Ihre bedeutungsschwer aufgeladenen Augen geradezu aus dem Kopf zu drücken.

Ihre Liebe hat es vergleichsweise leichter, muss sie doch nur dastehen und bis drei zählen. Sie hat gewissermaßen frei und steht, relativ entspannt, was sie sofort sympathisch erscheinen lässt, wie Sie, ohne Bezugnahme zu nichts und niemandem, auch einfach nur da. Aber sie kann sich sogar »gut« fühlen, und in aller Regel tut sie das auch. Mit diesem Gefühl setzt sie sich – privat mit persönlich verwechselnd – in Bewegung und geht auf Sie in die kameragerechte Position zu. Das alles läuft, schon hundertmal gemacht, ohne weitere Konzentration automatisiert ab und mag auch »nett« anzusehen sein, aber dem Vorgang fehlt jegliche Notwendigkeit; es wird nichts mehr verhandelt.

Eine, mögliche wie richtige, Alternative: Ihre *große innere Verletztheit* »erfüllt« Sie so vollständig, dass Sie diese gar nicht mehr – wo auch immer in sich – aufsuchen müssen, um sie dann auszudrücken. Dergestalt von Ihren Gefühlen »mit Beschlag belegt« können Sie gar nicht mehr richtig denken und sind zu keinem vernünftigen Handeln mehr in der Lage. Wie angewurzelt stehen Sie da, aber eben nicht nur: Ihr Blick verliert sich in dem Wohnzimmer-Küche-Flur-Bad-Schlafzimmer-Loft, das Sie zu Beginn Ihrer Liebe eigens gekauft und, in der Hoffnung auf eine gemeinsame Zukunft, bezogen haben. Nun atmet alles, was Sie sehen, den heimtückischen Verrat. *Ist das noch mein Freund? War er das überhaupt jemals?* Ihr Freund sieht Sie an, und in ihm entsteht so etwas wie ein Schuldgefühl, das er aber gar nicht weiter hochkommen lassen will, ist er doch auch seinerseits ganz »erfüllt«, allerdings von dem Intermezzo mit dem Briefträger. Da ihm Ihr Anblick zu viel ist, geht er zwar auf Sie zu, um Sie zu umarmen, aber nicht etwa weil er sich entschuldigen will, sondern weil er Ihr vorwurfsvolles Gesicht nicht erträgt und in der Hoffnung, dass Sie, wenn Sie erst einmal wieder seinen Körper spüren, auch schon wieder dahinschmelzen werden – hat in der Vergangenheit ja immer geklappt! Sie sehen, wie er in dieser Absicht auf Sie zukommt, und jetzt, angewidert von sich wie von ihm – im Augenblick des Erreichens der verabredeten Position – reagieren Sie aus einem Rest von Stolz mit einer ungeahnten Heftigkeit, die sich aus Ihrer *großen inneren Verletztheit* speist, von der sogar Sie selbst überrascht sein könnten, und Sie überschütten ihn mit ihren Vorwürfen!**(78)**

In der Genauigkeit des schauspielerischen Zuspiels offenbart sich die Leidenschaft des Schauspielers.
Unbekannt

Gelingt mir diese unbedingte Ausrichtung auf meinen Partner nicht, wird mein Spiel also nicht sinnfällig, muss ich – in Form von zum Teil kleinsten physischen Reflexen – Abstand von der als unlogisch empfundenen Situation nehmen, in dem ich, spätestens wenn ich vor ihm stehe, beispielsweise meine Hände in die Gesäßtaschen meiner Jeans stecke oder den Kopf leicht zur Seite hin abwende oder in eine Standbein/Spielbein Position verfalle oder mich mit meinem Blick erhebe oder unterwerfe oder oder oder... Dass Sie dann keine Chance mehr haben, einfach »nur« zu reagieren, versteht sich fast schon von selbst.

In dieser speziellen Situation des voreinander Stehens (Sitzens oder Liegens) tue ich aber noch etwas: In dem Bemühen, den zwischen uns nicht definierten, sprich leeren Raum zu überbrücken, kippe ich beim Sprechen nicht nur ganz leicht aus meiner Achse, ich bewege oft zudem auch noch meinen Kopf, ausgehend vom Unterkiefer, mit dem ersten Wort des Satzes leicht nach vorne, zum einen um den fehlenden Impuls für die Mitteilung zu kompensieren, zum anderen um diese anzuschieben und quasi auf die andere Seite zu bringen. Mit dem letzten Wort des Satzes zieht sich mein Kopf wieder in seine Ausgangsposition zurück. Alternativ dazu verharre ich auch nach meinem Satz in dieser angespannten Haltung, die ich erst dann wieder aufgebe, wenn ich eine Antwort erhalte, der ich aber in erster Linie folge, um mein nächstes Stichwort nicht zu verpassen. Und damit bin ich dann wieder genau da, wo ich zuvor gestartet bin – privat-verschämt im Raumlosen. (Das kann mir bei größeren Abständen, wie schon beschrieben, natürlich auch passieren; da ist es dann nur sichtbarer.)

Dem entkomme ich auch nicht, wenn ich mich hinter meiner – Seriosität vermitteln sollenden – hochgezogenen Stirn verstecke oder mich über die Dauer des Satzes an einer oder beiden meiner – Entschiedenheit vermitteln sollenden – gespreizten Hände festhalte oder mit meinem – Standfestigkeit vermitteln sollenden – starr ausgerichteten Blick in den Augen meines Partners einen Anker suche oder oder oder...

Zu all den Rettungsankern, die ich in meiner Not auswerfe, kommt ein physischer Reflex, vor allem wenn ich auf emotionale

Höhepunkte zusteuere, fast immer hinzu: ein vor dem Sprechen kurzes Weg- und sofortiges Zurückspringen meiner Augen, zur Seite, nach oben oder nach unten. Der Blick selbst bleibt dabei immer ohne Wahrnehmung für den Raum und bringt die Figur so »augenblicklich« um deren physische Präsenz. Das Hin- und Herspringen meiner Augen könnte auch dem Druck, den ich dergestalt abzuleiten suche, geschuldet sein, zu der erwarteten emotionalen Verfassung der Figur, von der ich ja Lichtjahre entfernt bin, auch noch zusätzlich den nur gelernten Text entsprechend dieser Verfassung sagen zu müssen. Und es kommt noch etwas, gewissermaßen Privates, dazu: Ich ertrage es nicht, in dieser Situation tendenzieller Überforderung von außen gesehen zu werden. Mit dem Rücksprung meiner Augen in ihre Ausgangsstellung kommt dann noch unmittelbar der zu schnell gesprochene Text über meine Lippen.

Dieser komplexe Vorgang vollzieht sich in Bruchteilen von Sekunden zumeist unterhalb meiner Bewusstseinsschwelle. Spiegele ich dann Schauspielen dieses Tun, reagieren sie zunächst ungläubig. Es dauert eine Zeit, bis sie sich für diese »Überreaktionen« sensibilisieren und eine noch längere Zeit, auf sie zu verzichten.**(79)**

Diese, wie Blitzableiter funktionierenden, Reflexe können mir auch mitten in einem Satz widerfahren. In unserem Beispiel hat der Betrüger noch *mit schlechtem Gewissen* zu *murmeln, Das tut mir so leid, aber lieben tue ich nur dich.* Er muss eine Liebe, die er schon länger nicht mehr oder sogar nie empfunden hat, glaubhaft machen, genau wie der Schauspieler! Nach dem Komma, *Das tut mir so leid,...* flackert mein Blick hin und her, bevor ich den zweiten, alles entscheidenden Teil des Satzes zum Besten gebe, *...aber lieben tue ich nur dich.* Mein »raumloser« Blickreflex ist an die Stelle des nicht vorhandenen Impulses für mein Bekenntnis getreten, den abzuwarten ich mich nicht in der Lage sehe. Und deshalb muss ich meinem, als falsch empfundenem, Spiel etwas entgegensetzen, und das ist die überflüssige, gegen den Sinn des Satzes gemachte, Zäsur. Richtig wäre es, gerade wenn er eine Lüge ist, die Liebe dadurch faktisch zu machen, dass ich den Satz einfach »nur« durchspräche, weil ich ja einen Sachverhalt, sprich die »reine« Wahrheit äußerte. Aber mein innerer Druck treibt mich unaufhörlich in die (emotionalen) Gestaltungsfallen.

Eine Rettungsmöglichkeit könnte darin bestehen, meinem Blickreflex seine Gedankenlosigkeit zu nehmen. Mit anderen Worten, ich würde dem, was mich gedanklich gerade erfüllt, weiter nachgehen, in diesem Fall vor meiner Überforderung nicht die Augen zu schließen, sondern diese zulassen. Sobald ich einen Gedanken – egal welchen – real durchführe, also wieder etwas tue, was die Figur auch tut, wird auch mein Blick wieder konkret; er nimmt den Raum auf, in dem ich gerade noch zuvor verloren dastand.

Das bedeutet, dass ich mich in meiner Vorläufigkeit zulasse, als Mensch wie auch als Schauspieler. Ich halte es aus, dass meine Darstellung nur eine vorläufige, eine der Komplexität der Figur nicht vollständig gerecht werden könnende, ist und auch (wahrscheinlich) bleiben wird – ich also wohl nicht »die« Karriere in meinem Schauspieler(über)leben machen werde. Und schon wäre ich wieder da, wo ich (verzweifelt) hinwollte: auf der Höhe der Figur. Um noch mal den alternden Homosexuellen zu bemühen: Woher rührt denn sein Unglück? Doch nicht unwesentlich daher, dass er an seine Vorstellung von Geliebt-werden-wollen nicht heranreicht. Er hat sein Leben damit verbracht, auf diesen erträumten Zustand hinzuleben und ist darüber – so bitter und brutal sich das anhört – alt geworden; er ist – vollkommen unsentimental – einfach nur am Ende; der Zug ist abgefahren. Jetzt bleibt ihm gar nichts anderes mehr übrig, als **sich dieser Erkenntnis zu stellen** – so wie ich mich der meinigen.

Was für eine Dramatik, der sich auch der Kollege, eben noch die üblichen *einundzwanzig, zweiundzwanzig, dreiundzwanzig* zählend, nicht mehr entziehen kann! Er sieht sich vielmehr **genötigt**, auf sein Opfer zuzugehen, um irgendwie seinen Betrug wieder gut zu machen. Doch er hat keine Lösung. Ihn **überfordern** Ihre Fragen, für die er **keine Antwort findet.** Ihm bleibt nur die Beteuerung seiner Liebe. Die Regieanweisung sieht vor, dass er diese *mit schlechtem Gewissen murmeln* solle. Vom Ergebnis her richtig gedacht, ist jene aber mal wieder eine Vorlage für ein nach innen gerichtetes Agieren, schlechtes Gewissen als solches zu gestalten. Lautete die Regieanweisung zum Beispiel *kleinlaut bekennen*, dann wäre auch klar, wie ich mich in meiner kommunikativen Struktur auf meinen Partner hin ausrichtete.

Nicht selten passiert mir noch etwas in diesen, bei allem vorgegebenen Abstand, näheren und intimen Situationen: Ich gerate in eine physische Unterspannung, die wie eine Selbstaufgabe daher kommt. Und auch wenn mir diese als eine solche bewusst ist, sehe ich mich außer Stande, das zu ändern und bleibe mir selbst ausgesetzt.**(80)**

Nach dem Abgang des Briefträgers tritt der Betrüger in unserem Beispiel also vor seine Liebe. Der Betrogene **konfrontiert** diese nun mit seiner *großen inneren Verletztheit* durch die Fragen, die sich aus jener speisen, und der Betrüger **sieht sich konfrontiert** mit diesen Fragen. Ist diese Position nur mechanisch-professionell eingenommenen worden, geht Ihrer Frage meist noch ein Ausatmer voraus, der Sie spannungsmäßig sofort auf null bringt, und Sie sind (schon wieder) raus aus der Szene.**(81)** Dieser Ausatmer soll Ihr (Negativ-) Gefühl sichtbar machen, das eigentlich durch das Stellen und den Inhalt der Frage mit an die Oberfläche gezogen würde. Jetzt suchen Sie Ihre Rettung, indem Sie die Bewertung vorwegnehmen, mit dem Erfolg, dass Sie »gefühlskalt« bleiben müssen, egal wie sehr Sie die Frage auch jetzt mit äußerlichem Nachdruck formulieren.

Das Phänomen der physischen Unterspannung kann auch ihre Liebe einholen. Wenn ich für sie *schuldbewusst murmele,* mache ich das dann oft mit einer zurückgenommenen und abgesenkten Stimme, der jegliche Spannkraft fehlt. Ich »docke« nicht an die Betriebstemperatur des Partners an, rede also nicht mit ihm, und so fällt die meinige auf null; dabei müsste sie gerade in dieser Situationen eher noch ansteigen, unabhängig von der Lautstärke meiner Stimme. In dem Glauben, ich gestalte einen persönlichen Ausdruck, bleibt dieser in seiner Wirkung verlogen-sentimental.**(82)**

6. Das Sprechen im Raum

Der Text ist das Brot der Schauspieler.
Ernst Schröder

Ist eine Szene gut geschrieben, herrscht bei allen Einigkeit. Sie merken es spätestens daran, wenn sich der Text leicht lernt und von alleine spielt. Beim Spielen haben Sie dann, wie es umgangssprachlich so treffend heißt, den Kopf frei. Sie nehmen Ihren Partner wahr, der Ihnen plötzlich wirklich zuhört und Sie ihm. Sie merken, Sie verfügen im Spiel über – freie – Zeit; Sie bestimmen den rhythmischen Verlauf der Szene! Und Sie entspannen im Spiel! Noch während Sie agieren, registrieren Sie – Sie kennen sich gar nicht wieder – dass Sie zwar spielen, aber eigentlich gar nichts mehr machen. Rückblickend stellen Sie fest, *Den Text hab ich nur noch gesagt.*

Das ist eine Erfahrung, die Schauspieler auch machen, während sie andere Szenen nur irgendwie »durchstehen« oder gar an ihnen verzweifeln. Gerade weil Gelingen und Scheitern so dicht beieinander liegen, verbietet sich die moralisierende Schlussfolgerung, *...bin halt nicht gut.* Das misslungene Spiel hat seinen Grund eben nicht in einem ungenügenden schauspielerischen Potenzial, zu dessen Freisetzung es gar nicht kommen konnte, sondern in einem sprachlichen Fehlverhalten. Letzteres kann an den Texten, aber auch an der distanzierten Haltung liegen, die sie zu jenen einnehmen, um nicht mit ihnen identifiziert zu werden.

Schon der erste Satz einer Szene kann eine solche Hürde darstellen, zum Beispiel dann, wenn ihm eine nur informative Funktion zukommt, die die Szene etablieren soll.**(83)**

Die Hürde muss nicht zwingend eine dramaturgische sein, oft ist sie sprachlicher Natur. In unserem Beispiel mit dem Briefträger treten Sie auf, gehen in die verabredete Position und haben dann, der Spielanweisung, *vollkommen überfordert*, folgend, *Fuck!* zu sagen. Erschwerend kommt hinzu, dass dieses inflationär verwendete Wort an die Stelle Ihres Spiels gesetzt worden ist beziehungsweise dieses verdoppelt.**(84)** Sie müssen ja erst einmal wahrnehmen und das Gesehene bewerten, bevor Sie, *Fuck!* sagen können. (Ganz abgesehen davon, dass das, *Fuck!* falsch kommt, da der Auftritt schon falsch ist.) In dem angestrengten Versuch, wie die Figur, *vollkommen überfordert*, zu sein, sind Sie es als Privatperson. Die Stirn zieht sich reflexhaft zusammen, um Unglauben wie Wut auszudrücken; das Ergebnis also schon im Gesicht kann jetzt das Wort, für dessen Veräußerung es keinen Impuls mehr gibt, nur noch herausgepresst werden, und so kommt, *Fuck!* oftmals bis zur Unverständlichkeit verkürzt, über die Lippen. In der physischen Verkrampfung wird das Atmen vergessen und – denkunfähig – muss auch der nächste Satz, *Was hat das zu bedeuten?* in besagtem, gepresst-angezogenen, Tempo veräußert werden; zudem nicht wirklich als Frage formuliert, weil ja auch nicht wirklich eine Antwort erwartet wird. *Bin ja noch dran!* Trotzdem mache ich jetzt eine Zäsur, die aber keinen gedanklichen Einschnitt darstellt, sondern sich nur von der Dauer meines Einatmens bestimmt. Dann stoße ich hervor, *Ich glaub, ich bin im falschen Film!* In dieser Anspannung passiert es nicht selten, dass ich nach, *Ich glaub*, erneut die Luft anhalte oder sogar atme, obwohl ich genügend Luft hätte, das Komma fälschlicher Weise als ein Sinnzeichen nehme und den zweiten Teil des Satzes, *ich bin im falschen Film!* durch eine zusätzliche Melodieführung nachdrücklicher zu gestalten suche.

Ein Rücksprung ins normale Leben macht klar, was ich meine: Erst muss ich mal in den Hundehaufen treten, bevor ich – übrigens vollkommen entspannt und mit leerem Gesicht –, *Scheiße!* sagen kann, um dann mit, *Das darf doch nicht wahr sein!* und mit, *Booh, ich hasse Hundehalter!* fortzufahren.**(85)** Mein innerer Konflikt verschärfte sich sofort, wäre ich auf dem Weg zu einer Filmpremiere! Aber egal wie groß meine Not auch ist, zwei Vorgänge laufen in jedem Falle weiter: mein Atmen und mein Denken. *Scheiße!* wäre quasi nur der erste Reflex. Die weitere gedankliche Beschäftigung, was mein »Fehltritt« nach sich zöge, führte zu dem, *Das darf doch nicht wahr sein!* Und da ich noch keine Lösung für mein Problem hätte, würde sich meine ohnmächtige Wut in einem, *Boah, ich hasse Hundehalter!* entladen. Für jeden der drei Sätze hätte ich also einen eigenen Impuls als Folge einer gedanklichen »Abschattierung«, die von selbst entstünde, weil ich eben atme und denke – und dies unter dem Sprechen und über dieses hinaus. Dadurch bekäme diese Situation ihren eigenen, unverwechselbaren Rhythmus. Ich machte also in diesem kurzen Moment der vermeintlichen Erstarrung eine in Gedanken vollzogene Entwicklung durch, die ich mit dem Text gewissermaßen nur noch dokumentierend begleitete, daher auch dessen Sachlichkeit. Eigentlich war schon zuvor alles gesagt beziehungsweise zu sehen gewesen. Der Text kommt nur dazu, und ich führe ihn, die grammatikalischen Satzzeichen nicht gestaltend, – bezogen auf die jeweilige Raumgröße verständlich – nur durch.

Wir haben ja schon eine, aus der »reinen« Logik des Vorgangs abgeleitete, Rettungsmöglichkeit skizziert, das, *Fuck!* über den Gang in die verabredete Position zu sagen. Gehen wir nun einen Schritt weiter und »personalisieren« ihn, in dem wir ihn an eine Figur anbinden; der Einfachheit bemühen wir nochmal den älteren Homosexuellen, der uns inzwischen ein wenig vertrauter ist. Sie warten auf ihn vor der Tür, da kommt er schon um die Ecke, einen riesigen Blumenstrauß im Arm – eine »kleine« Wiedergutmachung für seine ständigen Eifersuchtsattacken, mit denen nun ein für alle Mal Schluss sein soll. Sie öffnen Ihrer Figur die Tür, durch die sie, ihr erhobenes Haupt verwegen in den Nacken geworfen, geradezu in den Raum hinein **tanzt** – und **stockt**! Atemlose Stille. Dann schließen Sie langsam die Tür, und Ihre Figur setzt sich **auf leisen Sohlen** Schritt für Schritt in Bewegung – **fassungslos.** Sie jedoch verweilen an der Tür und schauen Ihrer Figur dabei von hinten zu – mit genau der Konzentration, mit der diese die Situation zu **begreifen sucht,** und über diesen Vorgang lassen Sie ein, *Fuck!* verlauten. Sie kümmern sich nicht um deren Ausdruck in ihrem Gesicht; darauf verschwenden Sie keinen Gedanken. Nach einer schier endlos anmutenden Zeit kommt sie in der verabredeten Position zum Stillstand. Aufgeschlagen auf dem Beton, »back to the roots«, atmet die Figur ruhig und gleichmäßig weiter.

Bleibt noch das Problem, dass diese Figur so nicht reden würde; *Fuck!* ist dem Wortschatz dieses bildungsbürgerlichen Ästheten nicht zugehörig. Die Figur auf ihre sexuelle Ausrichtung hin zu reduzieren, käme auch einer Denunziation gleich. Er ist zum einen schon eine Generation drüber und zum anderen würde er, der Rainer Maria Rilke vergöttert, sich nicht freiwillig in diese sprachlichen Niederungen begeben. Er benutzt das Wort aber trotzdem: weil er sich glauben macht, damit seinem jungen Geliebten näher zu sein; sich wenigstens, noch ein klein wenig, jung fühlen zu können! Und nun kommt das, *Fuck!* ohne eine zusätzliche, kommentierende Einfärbung über seine Lippen. – Eine Möglichkeit, diesen Ausruf aus der Logik der Figur heraus abzuleiten und wieder sinnfällig zu machen.

Der Regisseur möchte jetzt aber eine Variante und zwar, dass Sie, *Fuck!* sofort sagen, also noch vor Ihrem eigentlichen Begreifen. Dazu kommt von ihm noch die, wenig hilfreiche, Anweisung, *Sei einfach*(!) *ein Vulkan, der Funken speit*, mit deren Eins-zu-eins-Umsetzung Sie allenfalls heiser werden. (Der Regisseur braucht einen Höhepunkt vor dem sich an die Szene anschließenden Werbeblock, also nichts, was mit Ihrer Figur in irgendeinem Zusammenhang steht.)

Im Prinzip könnten Sie dieses »Unwort« auch vor dem eigentlichen Begreifen aussprechen, ein »SehenSprechen«. Das Problem ist hier der »Kontrollfreak« in Ihnen, der Sie zu einer minimalen Zäsur nötigt, um das, *Fuck!* vermeintlich angemessen zu »setzen«, da Sie es ja noch nicht »haben«, respektive »empfinden«. Egal wie kurz die Pause ist, die Sie machen, sie ist zu lang, und der Rhythmus der Szene ist an dieser Stelle zerstört.

Eine Möglichkeit: Sie bauen sich Ihre Geschichte der Figur so um, dass diese, nicht zum ersten Mal betrogen, von Eifersucht zerfressen, während ihrer Arbeitszeit überraschend nach Hause kommt. Dann wäre das, *Fuck!* die augenblickliche Bestätigung ihres Verdachts, der sie schon bis in ihre Träume verfolgte. Die Wahrhaftigkeit dieses Vorgangs würde sich darüber erweisen, dass er ungestaltet bliebe, denn dafür hätte die Figur in ihrer Not gar keinen Kopf – wie es umgangssprachlich auch in diesem Fall so treffend heißt. So wie der Mensch, der nicht altern kann, sich die Jugend »kauft«, so hat diese dessen Alter »in Kauf genommen«. Ein gedehnt-gebrüllter Ausbruch wäre die logische Reaktion, eine Art Negativtriumph. Auch in dieser Variante könnten Sie gewissermaßen von hinten auf Ihre Figur schauen und sofort, *Fuck!* **brüllen**. Nach diesem – hysterisch-verzweifelten – Aufschrei ließen Sie die Türe ins Schloss fallen. Absolute Stille.

Möchte die Regie jedoch, dass das, *Fuck!* aus technischen Gründen erst nach Erreichen besagter Position gesprochen werden soll – *Mach da einen kleinen Verzögerer, dass sich die Kamera auf eine Gestaffelte einrichten kann*, wäre auch das aus der Figur ableitbar: Sie könnte wiederum während ihrer Arbeitszeit nach Hause kommen, um ihren Geliebten mit einem Blumenstrauß zu überraschen. Doch jetzt **schließt sie leise** die Tür **auf** und **schaut vorsichtig** in den Raum **hinein**. Da entdeckt sie auf dem Sofa die beiden in einer verräterischen Nähe einander zugewandt. Ungläubig – denn das, was sie sieht, deckt sich so überhaupt nicht mit ihrer Vorstellung. Und während sie diese beiden Bilder erst einmal **miteinander abgleicht – nähert sie sich,** von den beiden »Turteltäubchen« magnetisch angezogen, bis in die vorgegebene Position. Jetzt glaubt sie, was sie sieht, und Sie sagen – wieder gefühlt von hinten an der Tür mit Blick auf Ihre Figur –, *Fuck!* sobald die Kamera in der richtigen Position ist. Der zweite Satz, *Das darf doch wohl nicht wahr sein!* wäre dann getränkt von Ihrer moralischen Empörung darüber. Da der offensichtliche Betrug dermaßen ungeheuerlich ist, wäre der so schändlich Betrogene noch gar nicht in der Lage, die möglichen Folgen ins Auge zu fassen, und, mit Ihrer emotionalen Verfassung dem Geschehen **hinterhinkend**, führen Sie fort, *Ich glaub, ich bin im falschen Film!* So ginge es auch. Zudem hätte sie jetzt einen Impuls, erst einmal raus aus dieser Situation, hin zum Kühlschrank und eine Flasche Wasser zu nehmen.

In der Zwischenzeit hat der Briefträger leise zu fragen, *Und, was was ist jetzt mit uns?* Die Wahrscheinlichkeit ist sehr hoch, dass er nach, *Und,* kurz die Luft anhält, so als ob dem Komma eine inhaltliche Bedeutung zukäme, die es zu gestalten gelte. Das gleiche kann mir in dem Antwortsatz nach, *Ich glaub,* auch passieren. Diesem äußerlichen Eingriff folgt notgedrungen ein weiterer: Das letzte Wort des Satzes ziehe ich im Sprechtempo an und lasse es gleichzeitig »fallen«.**(86)** Nicht selten folgt noch ein unmittelbar angehängter Ausatmer, mit dem ich die noch verbliebene Luft wegatme und mich aus der Szene rausziehe. – Spannungsmäßig gesehen implodiert diese. Ich spreche auf Stückschluss, und meine Figur (ver-)endet mit Textende.

Die tendenzielle Raumlosigkeit von Schauspielern hat vielleicht auch ihre Ursache darin, dass es einen Raum hinter ihnen nicht zu geben scheint. Wenn sie im Set oder auf der Bühne stehen, liegt dieser immer vor ihnen. Sie sprechen vom Rand aus in ihn hinein; auch das eine mögliche Erklärung, warum Sie im Spiel aus ihrer Achse kippen – weil Sie (immer) außen vor bleiben.

Nehmen wir an, Sie stehen mal wieder am Rand, im Set oder auf der Bühne. Jetzt bleiben Sie einfach da und vergegenwärtigen sich – in aller Ruhe – den Raum hinter Ihnen, bis Sie diesen als Ganzen in ihrem Bewusstsein **vor** sich haben, also sehen, sodass Sie sich – glaubwürdig – in diesem Raum aufhalten. Ein sehr passendes Wort: zum einen meint es, dass Sie sich aufhalten, Sie wohl (noch) irgendwo hinwollen, quasi nur einen Zwischenstop einlegen und zum anderen, dass Sie in diesem Raum sind. Lassen Sie sich Zeit, und gehen Sie dem nach, wie Sie »runterkommen«, Sie tiefer atmen, Sie sich entspannen, Ihr Blick auf den Dingen, auf die er fällt, ruht. Und jetzt – Sie erinnern sich an das Beispiel mit der Kaschmirdecke – sagen Sie, *Ich wäre auch so gerne einmal glücklich gewesen.* Spüren Sie dem Raum nach, den der durchgeführte Gedanke in Ihnen einnimmt. Später, schon wieder im Supermarkt, weil Ihnen zu allem Überfluss auch noch das Salz ausgegangen ist, antworten Sie auf die Frage des Menschen an der Kasse, *Brauchen Sie den Bon?* diesmal mit, *Nein danke. Oder wissen Sie was, geben Sie ihn mir doch, bitte. Danke sehr.* Bleiben Sie dabei in Ihrem Tempo; halten Sie sich aus. Im wahrsten Sinne des Wortes:

***Vergegenwärtigen* Sie sich – im Raum.**

Rücke vor bis vor auf Los

Für viele gilt das »Zeratmen« von Sätzen als Beweis für richtiges Spielen, käme es doch darauf an, den Satz über seine inhaltliche Mitteilung hinaus in diesem Sinne zu gestalten. So organisch sich im Einzelfall dieses äußerlich gestaltete Spielen auch anfühlen und die, ständig zur Disposition stehende, schauspielerische Identität festigen mag, der durchgeführte Gedanken wird Ihren *emotionalen Resonanzraum* in dem Maße weniger zum Schwingen bringen, in dem Sie die Mitteilung »bearbeiten«, in diesem Fall zeratmen.

»Der« Splitter, wenn Sie so wollen, liegt im Moment vor dem ersten Lesen eines Textes. Dieses »vor« zieht den Graben, der sich zwischen Ihnen und der Figur auftut und den Sie nicht mehr zugeschüttet bekommen. Es ist der Moment, in dem Sie – ohne dass Sie es registrieren – auf der einen Seite des Grabens zurückbleiben und auf dessen anderer Seite ohne sich weiter machen – so als wäre dies das Normalste der Welt. Doch die Folgen sind gravierend: Während Sie glauben, eins mit sich zu sein, haben Sie Ihr »Sich« durch stimmlichen »(Unter-)Druck« ersetzt; Sie sprechen nicht mehr mit Ihrer (natürlichen) Stimme. Ob Sie Ihre Stimme – wie minimal auch immer – nun nach unten hin »abrunden« oder nach oben hin »schärfen«, sie ist und bleibt verstellt. Damit nicht genug, verstellt sie auch ganz konkret den Zugang zu Ihren Emotionen.

Dieser Druck kennzeichnet zukünftig Ihre weiche respektive feste, von Ihnen als organisch empfundene, Spielstimme, die auch sehr erfahrenen und routinierten Schauspielern zu eigen sein kann. Was diese »naturalisierte« Spielstimme noch ausmacht – und uns nachdenklich stimmen sollte: Niemand von uns würde sie jemals »für sich« verwenden, im Privaten funktioniert unser Wahrheitsempfinden uneingeschränkt.

Das tut die Figur, was für ein »kaputter Typ« sie auch immer sein mag, ebenfalls. Im Sinne der Synchronisation mit dieser sollten Sie in jedem Fall mit ihrer unverstellten Stimme sprechen.**(87)** Sie müssen den Graben also wieder zuschütten. Das setzt voraus, dass Sie diesen zunächst anerkennen und dass Sie wohl, aus welchen Gründen auch immer, sich gerade außer Stande sehen, auf die andere Seite zu gelangen. Wenn Sie nun, mit dem Wissen um diesen Graben sowie um Ihre (momentan) eingeschränkte Leistungsfähigkeit aber das tun, wozu sich die Figur ja auch, trotz oder gerade wegen ihrer augenblicklichen, emotional-desaströsen Verfassung, genötigt sieht, nämlich mit ihrer (Original-)Stimme zu sprechen, um das Mitzuteilende glaubhaft zu machen, dann agieren Sie richtig.**(88)** Auch an diesem Punkt in der Arbeit regt sich nicht selten heftiger Widerspruch. Stinklangweilig sei das doch, mit meiner Stimme nur noch auf einem Level sprechen zu sollen, eine emotionale Nullnummer. Das ist auch nicht gemeint, im Gegenteil. Nur hat die Vermittlung der emotionalen Bandbreite Ihrer Figur eben Ihre unverstellte Stimme zur Voraussetzung, damit sich diese »frei« setzen kann.

All diese vermeintlich bewussten Splitter in der Textgestaltung, wie das Zeratmen von Sinnzusammenhängen oder das Anziehen des Sprechtempos, das Setzen von kleinsten Kunstpausen oder das melodiöse Hervorheben einzelner Worte, das Fallenlassen oder das Verziehen des letzten Wortes eines Satzes, eine verkrampft-aggressiv nach oben gedrückte oder eine spannungslos-liebevoll nach unten aufgeweichte Stimme oder oder oder… sind auch die Folge der Art und Weise einer Textaneignung, die so gut wie nie thematisiert und nur irgendwie bewerkstelligt wird.

Vorherrschend ist wohl, sich zunächst die eigenen Texte einer Szene Satz für Satz und die längeren Sätze in einem ersten Lernschritt bis zum Komma und in einem zweiten dann bis zum Punkt in den Kopf zu »drücken«. Allein mit mir auf weiter Flur verweisen die laut vor mich hingesprochenen Sätze vor allem auf den Abstand zwischen mir und der (möglichen) Figur. Und so suche ich den Texten einen entsprechenden emotionalen Anstrich zu verpassen – mit meiner mechanisch abgesenkten, weichgespülten, nachdrücklichen, festgehaltenen, überartikulierten, angeschobenen, überhöhten...und so weiter...Stimme. Die gemeinten Gefühle wie Wut, Trauer, Liebe, Verzweiflung, Hoffnung, Glückseligkeit...und so weiter...ziehe ich ganz allgemein, als solche behauptet, über die Sätze und bringe ihren Inhalt umgehend zum Ersticken.**(89)**

Effizienter wäre es, den Text zunächst »sinnfrei«, sprich ausdruckslos oder neutral nur zu lesen, was uns – in der Ausbildung auf Ausdruck gebürstet – gar nicht mehr so leicht fällt und dann zu lernen, bis er – immer laut gesprochen – in alltäglichen Situationen, beim Autofahren, Zwiebelschneiden oder Duschen, ansatzlos zur Verfügung steht und beim Spielen keine Konzentration mehr von der Figur abzieht.**(90)** Erst dann bin ich »frei«, mich mit meiner hundert prozentigen Konzentration dem Tun der Figur zuzuwenden. Der Text kommt – um es nochmal zu sagen – nachgeordnet dazu.

Eine andere Möglichkeit, sich den Text anzueignen, wäre es, die Struktur der Szene zu entwickeln, was im Prinzip nichts anderes meint, als sich mit der textlichen auch die mögliche physische Ebene der Figur vor Augen zu führen, also dem, was deren sprachlicher Veräußerung vorausgeht beziehungsweise zu dieser führt. Das heißt, ich sehe mit der Figur ihre Entscheidungen, die sie trifft. Und sehen bedeutet für das Textlernen auch das Sehen der gedankliche Durchführung dieser Entscheidungen. Ich schärfe meinen Blick für die Vollständigkeit aller Verhaltensabläufe. So entwickle ich mit der Vorstellung von der Figur, im Sinne einer Vor-mich-Hinstellung, auch einen Draufblick auf diese: Ich weiß um das »Warum« ihres Verhaltens, weil ich um ihr »Wollen« weiß.

Und immer wieder das Entscheidendste, ohne dass sich eine Figur nicht realisiert: Ich entwickle respektive sehe diese in ihrer kommunikativen Struktur. Mit dem Erlernen der Sätze übe ich sogleich mit ein, diese auch sofort wieder abzugeben; weder halte ich den Text noch mich an diesem fest; ungewohnt großzügig »verschleudere« ich ihn. Anders formuliert: Ich reduziere die Figur nicht auf ihre Innerlichkeit, sondern ich überführe sie in einen Raum, in dem diese sich (sozial) verhält.

Sensibilisieren Sie sich für das, was einem schauspielerischen Vorgang zu eigen ist und was nicht. Das ist auch deshalb so zwingend erforderlich, weil niemand Sie darauf hinweisen wird. Ihr Partner wird (und sollte) es nicht tun. Der Regisseur kann es nicht, und es fällt auch nicht in ihren Aufgabenbereich.

Gehen Sie jeder noch so kleinen Verästelung Ihres Verhaltens – im Spiel wie im Privaten – nach. Folgen Sie sich auf Ihren Ab- und Umwegen. Beobachten, aber bewerten Sie sich nicht.

***Ihr* Gefühl für Wahrhaftigkeit bestimmt die Grenzen Ihres Spiels.**

Alles eins

Auch nach einer längeren Zeit des Arbeitens an einer Figur beziehungsweise einer Szene, in der richtiges (Zusammen-)Spielen auch darüber begriffen worden ist, wie sich dieses physisch anfühlt, sind wiederkehrende (Selbst-)Zweifel nicht aus der Welt zu schaffen. Das Richtige ist nicht auf Rezept zu haben; »die« Technik keine zu schluckende Pille. Schon beim nächsten Mal können Sie sich wieder wegrutschen, und Sie fangen erneut bei null an. Ihr Bewusstsein scheint Ihren Körper noch nicht verlässlich zu erreichen. Was Sie tun können, ist ihn langfristig umpolen, in dem Sie »ziellos« weiter arbeiten. Und gestehen Sie sich bei diesem Unterfangen alle Zeit der Welt zu – jeder von uns hat seine eigene Leistungskurve. Sie werden sofort wissen, wenn Sie bei sich angekommen sind.

Für die unbedingte Leichtigkeit Ihres Spiels brauchen Sie nicht so sehr Kraft im Körper als Konzentration im Kopf. Die eigentliche (Denk-)Arbeit findet in Ihrem Kopf statt. Die Übergänge von »Ich« zur »Figur« sind fließende – in dem einen Körper, in Ihrem. Die Frage nach einem »entweder-oder« ist zwar verständlich, zielt aber in die falsche Richtung, geht es doch um ein »sowohl-als auch«. Letzteres macht Ihre Identität aus. Sie geben nicht das »Ich«, für die »Figur«, auf, sie wechseln nicht die Seiten, Sie sind »immer-sofort-gleich«.

Sie erinnern sich, relativ zu Anfang des Buches ging es um die Einteilung berühmte – gute – schlechte – geniale Schauspieler. Die ersten drei Kategorien, die im Bereich Ihrer Möglichkeiten liegen – könnten Sie doch berühmt werden wollen, schon gut sein, sich aber schlecht fühlen – kommen für Sie nicht in Frage, die sind unter

Ihrem Niveau! »Handlungsrelevant« ist ausschließlich die letzte. Selbst wenn die Kategorie des Genialen bisher für Sie nicht in Frage gekommen sein sollte, etwa weil Sie glauben, diese stünde Ihnen nicht zu, steht aber außer Frage, dass es in Ihrem Ermessensspielraum liegt, sich so zu geben. Also:

Machen Sie die Bewegungen, die es braucht.(91)

In dem Stück *Die Zofen* von Jean Genet sagt Solange eben diesen Satz, *Ich habe die Bewegungen gemacht, die es braucht.*

Solange und ihre Schwester Claire, die beide seit Jahren als Zofen in Diensten der Gnädigen Frau stehen, spielen immer wieder den Mord an ihrer Herrin durch. In dieser »Versuchsanordnung« über das Thema »Herr und Knecht« schlüpft Claire, die jüngere der beiden, in die Rolle der Gnädigen Frau. Aber auch Solange wechselt die Spur und gibt in dieser die Rolle ihrer Schwester.

Die beiden sind sich nicht nur geschwisterlich vertraut, sie sind sich über die Jahre ihrer erlittenen Unfreiheit »ein offenes Buch«, sie wissen um ihre tiefsten Abgründe, ihre intimsten Sehnsüchte, ihren chronischen (Selbst-)Hass. Im Spiel stellen sie sich gegenseitig der anderen für das Ausleben ihrer Sehnsüchte wie ihrer Hassattacken zur Verfügung. Dabei kann das Spiel in seiner Heftigkeit eine Eigendynamik entwickeln, die ungeplante »Grenzüberschreitungen« nach sich zieht: Zwar spiegelt Solange Claire deren Hass auf die Gnädige Frau, sodass Claire – auf einer ersten Schicht resp. Schublade (siehe auch Anm. **29**) – sowohl ihrem Traum, wie diese zu sein als auch – 2. Schicht – ihrer Verachtung auf diese wie – 3. Schicht – auf sich selbst nachgeben kann, in dem sie sich demütigen lässt und gleichzeitig sich selbst demütigt! Dazu kommt – 4. Schicht – aber auch der Hass, den Solange auf die Gnädige Frau hat und – 5. Schicht – der persönliche auf ihre Schwester, die sie in diesen Momenten, dann nicht mehr in der Rolle, sondern privat demütigt. In der Gegenrichtung ist es der gespielte Hass von Claire in der Rolle der Gnädigen Frau, der nicht nur auf Solange in der Rolle der Claire gerichtet ist, sondern – 6. Schicht – auch der privat direkt auf Solange zielende. Hinter der spielerischen Fassade bricht sich also der reale Hass der Schwestern aufeinander unkontrolliert Bahn und zerstört übergangslos das Spiel. Dieser Zerrissenheit, die sie beutelt, sind sie sich – 7. Schicht – durchaus im Klaren, und doch verbindet sie wesentlich – 8. Schicht – eine große Liebe und Fürsorge.

…in den fiesen Figuren so lange graben, bis man auf goldene Seiten stößt.
Sigourney Weaver

Von der Gnädigen Frau gegängelt, benutzt und missbraucht bleiben sie, ihrer Selbstachtung beraubt, entblößt zurück – das Mordritual die Rettung aus dieser demütigenden Nacktheit. Jedoch kann das Spiel nicht zu Ende geführt werden, weil es dann keines mehr wäre, und so klingelt kurz vor dem befreienden Ende der zuvor gestellte Wecker. Der Mord darf und kann nicht stattfinden. Das Spiel erschöpft sich, sein Ende ist vorprogrammiert, und die Schwestern finden sich auf dem Boden der sogenannten nackten Tatsachen wieder, dem ihrer Knechtschaft.**(92)** Das Spiel verspricht Befreiung – und zementiert Unterdrückung. Nur eine »Revolution« könnte eine Veränderung der Machtverhältnisse herbeiführen, doch dazu sind die beiden, deren kleinbürgerlicher Wunsch auf Veränderung sich darin erschöpft, wie die Gnädige Frau sein zu wollen, nicht in der Lage. Die gesellschaftlichen Strukturen selbst werden nicht in Frage gestellt, der Status Quo bleibt unangetastet. Die »Herrschaft«, in Form der Gnädigen Frau, überlebt, und der Aufstand der »Unterdrückten«, in Form der Zofen, richtet sich nach dessen Scheitern nun – in gnadenloser Konsequenz – gegen sie selbst: Claire trinkt, den für ihre Herrin mit Gardenal versetzten, Lindenblütentee, den Solange ihr gereicht hat. – Ein einziges Mal haben die Zofen die Schleusen geöffnet, und die Realität spült sie hinweg, als wären sie nie gewesen.

SOLANGE Die gnädige Frau lassen sich hinreißen!

CLAIRE (...) Bleiben Sie fern von mir, berühren Sie meine Hände nicht. Ihre Berührung ist unrein. Beeilen Sie sich!

SOLANGE Wir sollten nicht übertreiben. Ihre Augen fangen an zu flackern. Sie erreichen das Ufer.

CLAIRE Was sagen Sie?

SOLANGE Die Grenzen, die Schranken. Gnädige Frau, Sie müssen auf Abstand gehen.

CLAIRE Was für eine Sprache, mein Kind! Claire! Du rächst dich, nicht wahr? Du spürst, dass der Augenblick näher rückt, an dem du deine Rolle aufgeben wirst...

SOLANGE Die gnädige Frau versteht ganz vorzüglich, die gnädige Frau errät, was ich sagen will.

CLAIRE Du spürst, dass du bald nicht mehr das Dienstmädchen sein wirst. Du wirst dich rächen. Du bereitest dich vor. Du schärfst deine Krallen. Der Hass weckt dich auf. Aber Claire, vergiss nicht. Hörst du mich, Claire? Claire, hörst du mir nicht zu?

SOLANGE *(zerstreut)* Ich höre.

CLAIRE Durch mich, nur durch mich existiert das Dienstmädchen. Durch mein Geschrei und meine Gesten.

SOLANGE Ich höre.

CLAIRE *(schreit)* Nur durch mich bist du überhaupt – und du verhöhnst mich. (…) Aber ich bin gut, ich bin schön – und ich fordere dich heraus. (…)

SOLANGE *(Anfangs leise)* Ich bin bereit. Ich habe es satt, ein Gegenstand des Abscheus zu sein. Auch ich hasse Sie…

CLAIRE Ruhig, meine Kleine, immer ruhig… *(Sie klopft ihrer Schwester auf die Schulter, um sie zu beruhigen.)*

SOLANGE Ich hasse Sie. Ich verachte Sie. (…) *(Geht auf sie zu)* Ja, gnädige Frau. Schöne, gnädige Frau. Sie glauben, es ist Ihnen bis zum Schluss alles erlaubt. Sie glauben, Sie können dem Himmel seine Schönheit stehlen und mir nichts davon abgeben? (…) Gestehen Sie! Denn Solange kotzt Sie an!

CLAIRE *(verwirrt)* Claire! Claire!

SOLANGE Ja?

CLAIRE *(murmelnd)* Claire. Solange. Claire.

SOLANGE Ja doch. Claire. Claire kotzt Sie an. Claire ist hier. Klarer als jemals zuvor. Leuchtend! *(Sie ohrfeigt Claire.)*

CLAIRE Oh, oh! Claire… Sie… oh!

SOLANGE (…) Sie haben den Aufstand der Dienstboten nicht mit eingerechnet. Sehen Sie ihn herannahen, gnädige Frau? (…) Sie haben ausgespielt, meine Teuerste! *(Sie klopft Claire auf die Hände, die diese schützend vor ihre Kehle hält.)* Herunter die Pfoten, zeigen Sie ihren zerbrechlichen Hals. Nicht zittern, nicht mit den Zähnen klappern. Ich arbeite schnell und lautlos. Ja, ich werde in meine Küche zurückgehen – aber erst bringe ich meine Arbeit hier zu Ende.

(Ein Wecker klingelt plötzlich. Solange hält inne. Die beiden Schauspielerinnen nähern sich gerührt und lauschen, aneinandergeschmiegt.) Schon?

CLAIRE Wir müssen uns beeilen. Die gnädige Frau kommt zurück. *(Sie beginnt ihr Kleid aufzuhaken.)* Hilf mir. Es ist schon Schluss, und du hast nicht bis zum Ende gehen können.

SOLANGE *(Hilft ihr. Traurig)* Es ist immer das gleiche.**(93)**

Für uns sind diese Figurenkonstellationen vor allem im Hinblick auf das »Wie« ihrer schauspielerischen Realisierung aufschlussreich. Wie werden die Übergänge innerhalb des Rollenspiels vollzogen und insbesondere die Augenblicke, in denen dieses wieder aufgegeben wird, also auch das »Wann« und das »Wodurch« werden welche Schubladen (gleichzeitig) gezogen.**(94)**

Zu Ende des Stücks findet sich innerhalb einer längeren Textpassage Solanges die Regieanweisung, *Sie ahmt die Stimme der gnädigen Frau nach.* Ansonsten sprechen die Schwestern mit ihrer – unverstellten – Stimme, und dieser ist die ungestaltet-unmittelbare Direktheit zu eigen, die das zerstört-vertraute Verhältnis der beiden kennzeichnet. Anders formuliert, wie groß auch immer deren Verzweiflung sein mag, Solange und Claire kommen »leichtfüßig« daher, zumal ihnen das Spiel und seine Regeln, zigmal wiederholt, »in Fleisch und Blut« übergegangen sind. Für Ihr Spiel bedeutet dies, dass Ihr ganzes »Gehabe« jederzeit so ansatzlos-direkt ist und – im Gegensatz zu ihrer inneren Verfassung – souverän.

Von dieser Souveränität sind wir aber erst einmal Lichtjahre entfernt. Das Schließen dieser Lücke ist in der Erarbeitung einer Figur ein sehr kritischer Punkt. Ich muss mir die einzelnen Schritte, die die Figur – auf dem Weg zu ihrem Ziel – zurücklegt, zunächst bewusst machen und zwar – im Wissen um dieses Ziel – Schritt für Schritt. Das ist ein mühseliger und kleinteiliger Prozess, für den ich unter Umständen sogar sehr viel Zeit benötige; im Gegensatz zu der Figur, die über das Selbstverständliche ihres Tuns nicht mehr nachdenkt, (sonst wäre es ja auch nicht selbstverständlich). Die Figur ist – überspitzt formuliert – gedankenlos bei sich. Sie bewegt sich im Rhythmus der Szene wie ein Fisch im Wasser – frei in jede Richtung, jederzeit, unvermutet vorstoßen könnend –, während ich – raumlos – vor mich hin stolpere. Auf dem Weg hin zu meiner Figur ist dieser zusätzliche Zwischenschritt, auf dem ich mir das unmittelbare Agieren der Figur noch vergegenwärtigen muss, bevor ich dann versuche, mich wie sie zu verhalten, ein notwendiger. Das Fatale ist nun, dass ich diesen später im Spiel auch zurücklege – und das ist der Splitter, auf den ich trete. Ich übe diesen Zwischenschritt mit ein, als wäre er der Figur zugehörig. Derart konditioniert, macht mein Körper diesen nun »aufs natürlichste« mit – und das ist der Grund, warum ich zu spät sein muss, egal wie viel Zeit jener beansprucht, die Figur ist auf und davon. Es reichen Bruchteile von Sekunden, und der Rhythmus der Szene ist und bleibt unrettbar verschoben.

Du hast nicht kommentiert. Du hast die Figur reden lassen.
The Kominsky Method

Wenn also die »unverstellte Leichtigkeit« quasi gesetzt ist, was bleiben Ihnen dann eigentlich noch für gestalterische Möglichkeiten? Das Problem ist nicht die Antwort auf diese Frage, sondern das Problem ist die, missverständlich formulierte, Frage selbst. Sie lässt an einen tendenziell äußeren Vorgang denken, etwa an die Arbeit eines Bildhauers. Die Figur aber setzt sich in der Person frei und kommt dadurch zum Vorschein; ein Prozess, der eine gewisse Passivität im Sinne eines Zulassens Ihrerseits zur Voraussetzung hat. Ohne Ihnen das Gestaltende, im weitesten Sinne Ihr »Schöpfertum«, in Abrede stellen zu wollen, wäre es zielführender zu fragen, was Ihr (spielerischer) Anteil ist, damit die Figur in ihren persönlichen, gesellschaftlich durchwirkten, (Abhängigkeits-)Verhältnissen das Licht der Welt erblickt.

Solange Sie sich im Probenprozess im Klaren darüber sind, dass Ihr Spielen – strukturell bedingt, der zu machenden Zwischenschritte wegen – nicht das der Figur sein kann, sondern Ihres, solange ist im Prinzip alles in Ordnung. Haben Sie dann die (Verhaltens-)Struktur der Figur begriffen und ist jene physisch abgelagert, wird mithin also muskulär erinnert, können Sie, im Wissen um Ihre »Verfügungsgewalt« – immer-sofort-gleich – auf die Figur zugreifen und sie in dem ihr eigenen Rhythmus durchlaufen lassen.

Sie können auch mit einem »Kaltstart«, gefühlskalt, in die Gänge kommen, in dem Sie sich »ganz bewusst unbewusst« veräußern, so wie die Figur es ja auch tut, die im Bruchteil der Sekunde vorher noch nicht weiß, was ihr widerfahren und wie sie darauf reagieren wird respektive muss. Und Sie können sicher sein, auch dann richtig zu kommunizieren, wenn Sie nur den Text veräußern, *Ich habe die Bewegungen gemacht, die es braucht.* Sie müssen sich nicht, um den Satz zu »füllen«, zuvor irgendwelcher Bewegungen erinnern oder sich vergegenwärtigen, Sie wissen ja, dass Sie *die Bewegungen gemacht* haben*, die es braucht* – und diese Information teilen Sie mit Claire, (was mitteilen ja auch bedeutet).

An einer anderen Stelle im Stück sagt Solange, *Ich muss sprechen. Ich muss mich ausleeren.* Sie ist randvoll von (widersprüchlichsten) Gefühlen, die sie beherrschen. Und deshalb muss sie sich ausleeren. Das bedeutet aber, im Hinblick auf ihre Bewegungen, dass Solange sich nicht mehr mit ihren Gefühlen als solchen auseinandersetzt, sondern mit dem, wozu diese sie nötigen, nämlich sich *ausleeren* zu müssen.**(95)**

Ich spiele keine Gefühle, ich verhalte mich aus diesen heraus.

Das führt unter Umständen zu neuen Gefühlen. Das Verhalten Solanges ist sachlich. Die Mitteilung selbst wird nicht gestaltet, also zusätzlich mit dem Gefühl angestrichen, aus dem diese sich herleitet. Die Sachlichkeit der Mitteilung bezieht sich daher, dass Solange von Claire verstanden werden will, sie also mit ihrer Konzentration bei ihr ist; (was nicht heißt, dass sie sich mit ihrem Blick in den Augen ihrer Schwester festkrallt). Im Gegenteil, mit der Ausrichtung auf ihre Schwester geht auch eine rückführende auf sie selbst einher. Solange verschafft sich, über den Umweg über ihre Schwester, (die sie gewissermaßen zweckentfremdet), selbst Klarheit. Insofern geht das Sprechen immer auch in zwei Richtungen. Gerade jetzt, in einer Situation höchster Erregung, bleibt Solange bei sich oder genauer, sie kommt zu sich, in dem sie sagt, was »Sache« ist: *Ich muss mich ausleeren.*

Besagte kommunikative Struktur endet also nicht bei beziehungsweise in Ihrem Partner, sondern führt über diesen wieder zu Ihnen zurück. Und das tut sie dann – und nur dann – wenn Sie sich deren Inhalt beim Sprechen noch einmal »vergegenwärtigen«. »Schlabbern« Sie – im Stress den geforderten Ausdruck »auszudrücken« – diesen gedanklichen Schritt, den ja vermeintlich niemand sieht, kommt Ihre Mitteilung nicht an, wie »gekonnt« Sie auch immer die Worte des Satzes aneinander reihen. Die berechtigte Kritik des Regisseurs lässt nicht lange auf sich warten. Ihrem Spiel fehle es an Spannung, da käme nichts rüber oder das müsse mehr sein... Viele der so Gescholtenen finden sich dann in einer muskuläre Verspannung ihres Körpers wieder, von der sie sich einen »Stand« versprechen und verstärken den äußerlichen Druck auf das Sprechen des Satzes, und genau in dem Maße tritt dessen Inhalt weiter in den Hintergrund; womit sich viele der Regisseure dann aber zufrieden geben.**(96)**

Gestalten Sie diesen Vorgang zudem noch gefühlig, wird die Figur in ihrer Wirkung sentimental und verlogen. Das ist ein weiterer Punkt in der Arbeit, an dem es oft zu gereizten Diskussionen kommt: *Wie soll ich's denn jetzt machen, sachlich oder mit Gefühl?! – Sowohl als auch!* lautet die Antwort. Den Satz, *Ich muss mich ausleeren.* kann Solange, auf einer weiteren Ebene, sehr wohl unter Tränen, unter dem Eindruck des soeben Begriffenen, hasserfüllt, schreiend, flüsternd, eiskalt... veräußern. Das steht zu der Sachlichkeit in keinem Widerspruch. Gewährleisten Sie die kommunikative Struktur, können Sie im Prinzip machen, was Sie wollen.

Die Art und Weise einer Mitteilung ändert nichts an der Sachlichkeit ihrer Durchführung.

Nimm deine Arbeit ernst, aber niemals dich selbst.
Alan Ayckbourn

Um Solange in ihrer komplexen Gemengelage gerecht zu werden – das ist übrigens Ihre einzige Bringschuld –, verhalten Sie sich »schlicht und ergreifend« mit der Betonung auf schlicht. Alles über diesen Vorgang hinausgehende, insbesondere Ihre persönliche innere Verfassung – davor, während oder danach – spielt keine Rolle; die ist und bleibt Ihre Privatangelegenheit.

Sie können bei der Erarbeitung Ihrer Figur auch noch an einem ganz anderen Punkt ansetzen, dem der strukturellen Gemeinsamkeit Ihrer Schauspielerei mit der von Claire und Solange. Wenn Sie vor die Kamera oder auf die Bühne treten, dann spielen Sie ja insofern auf Abstand, als Sie – hoffentlich – in jedem Augenblick den Überblick über Ihre Figur behalten. Ihre Bewusstheit der Figurenführung entspricht der Bewusstheit Ihrer Figur, mit der diese wiederum ihre Figur führt. Sobald Sie auftreten, sind Sie (auch) die Figur und zwar immer-sofort-gleich. Sie müssen diese also nicht mehr herstellen; auf den Punkt gebracht:

Die Figur bin ich.(97)

Claire und Solange spielen miteinander Gnädige Frau und Claire. In diesem Spiel jedoch scheint es einen besonderen Moment zu geben, auf den wohl alles zusteuert. Es ist der Moment, in dem eine Figur das Spiel im Spiel aufgibt und wieder »sie selbst« wird, während die andere ihre Rolle weiter durchführt. *Du spürst, dass der Augenblick näher rückt, an dem du deine Rolle aufgeben wirst… Du bereitest dich vor.* Der imaginiert-befriedigende Höhepunkt wird von beiden bewusst angesteuert und jederzeit kontrolliert durchgeführt. Darüber hinaus kontrollieren sich die Schwestern aber auch gegenseitig in ihrer, quasi parallel zum Spiel verlaufenden, Privatverfassung. Wie sich aber nach diesem Beat das Spiel weiter entwickelt, bleibt in seinem Kern unberechenbar. Insofern muss Claire immer auch die aktuelle »Temperatur« ihrer Schwester mitkontrollieren, damit das Spiel nicht überhitzt. Auf der sichtbaren, äußeren Ebene spielt Claire die Gnädige Frau für Solange als Claire, aber auch für die Privatperson Solange, damit dieser die unsichtbare Ebene, auf der Claire vor ihrer Schwester auf der Hut ist, verborgen bleibt. Obwohl die beiden dieses Spiel schon unzählige Male durchexerziert haben, kann sich Claire ihrer Schwester nach wie vor nicht sicher sein und deshalb sagt sie, *Aber Claire, vergiss nicht. Hörst du mich, Claire? Claire, hörst du mir nicht zu?*

Wann redet Claire mit Solange in deren Rolle als Claire und (ab) wann mit Solange in deren (Privat-)Rolle als Solange? Oder wendet sie sich gar an Solange/Claire und Solange/Solange gleichzeitig? Und spricht Claire nur in ihrer Rolle Claire/Gnädige Frau oder auch in ihrer (Privat-)Rolle Claire/Claire; oder gar beides gleichzeitig? Um es noch komplizierter zu machen: Spricht Claire als Claire/Gnädige Frau, denkt aber als Claire/Claire?

Nehmen wir an, der erste Satz, *Aber Claire, vergiss nicht.* wäre von Claire/Gnädige Frau an Solange/Claire gerichtet. Da diese jedoch keine Reaktion zeigt, nimmt Claire, auf der unsichtbaren Ebene als Claire/Claire, Solange/Solange unter die Lupe, um zu sehen, wo diese sich »mit sich« gerade befindet. Währenddessen richtet sie sich mit ihrer Frage, *Hörst du mich, Claire?* als Claire/Gnädige Frau an Solange/Claire wie an Solange/Solange. Als ihr klar wird, dass Solange nicht antworten wird, hakt sie entschiedener nach, *Claire, hörst du mir nicht zu?* Formal an Solange/Claire gerichtet, zielt die Formulierung jedoch auf Solange/Solange und meint, *Solange, bist du noch im Spiel?* In der Regieanweisung für Solanges Antwort heißt es, *zerstreut*, was darauf hindeutet, dass Solange noch in der Rolle der Claire ist, aber in ihren, parallel verlaufenden, Vorbereitungen schon so weit fortgeschritten, dass sie sich kurz vor der »Sollbruchstelle« befindet, und sie sagt nur, *Ich höre.*

Anfangs leise, heißt es wenig später in der Regieanweisung für Solange, *Ich bin bereit. Ich habe es satt, ein Gegenstand des Abscheus zu sein. Auch ich hasse Sie...* Das für die weitere Glaubwürdigkeit der Figuren und ihres Spiels Notwendige steht nicht im Text; das liegt in dem, was zu den Sätzen, *Ich bin bereit...* führt. Solange **tut** einen wichtigen gedanklichen Schritt vollziehen. (Siehe auch Anm. **8**): Sie wird sich darüber klar, dass jetzt der Moment gekommen ist, an dem sie Ihre Rolle aufgeben wird und endlich sie selbst sein kann. Erst dann geht sie den nächsten Schritt, sie tut sich entscheiden, nun wie sie selbst zu sein, und sie sagt, *Ich habe es satt, ein Gegenstand des Abscheus zu sein. Auch ich hasse Sie...* Sie kommt sich in ihrem Hass also nicht abhanden. Würde sie sich in ihrem Gefühl verlieren, könnte sie das Spiel – auch das »wie-sie-selbst-sein« ist Teil des Spiels – ja nicht mehr genießen (**tun**). Sie wäre, wenn wir eine passende Beschreibung für ihren »Zustand« suchten, erfüllt von einer kalten Wut. Claire jedenfalls weiß immer noch nicht, ob sie sich auf ihre Schwester, im Sinne des Einhaltens der Spielregeln, verlassen kann, und nun ist sie es, die aus der Rolle der Claire/Gnädige Frau aussteigt und als Claire/Claire versucht, ihre Schwester zu beruhigen, *Ruhig, meine Kleine, immer ruhig…* Die Beschwörung scheint keine Wirkung zu zeitigen, sodass sie sich genötigt sieht, *…ihrer Schwester auf die Schulter* (zu klopfen), *um sie zu beruhigen.* Solange ist endlich bei sich und spielt gleichzeitig als Solange/ Claire mit Claire/Gnädige Frau, *Ich hasse Sie. Ich verachte Sie.*

Das Spiel geht weiter, die Unsicherheit bleibt. Auf Solanges Satz, *Solange kotzt Sie an!* reagiert Claire, *(verwirrt)*, mit einem zweimaligen Anruf, *Claire! Claire!* Solange scheint zu begreifen, dass ihre Schwester irritiert ist und fragt als Solange, *Ja?* Claire gibt dieser Irritation einen Namen, und *(murmelnd)* sagt sie, *Claire. Solange. Claire.* Solange bestätigt ihr, dass sie noch in ihrer Rolle als Claire sei, *Ja doch. Claire.* Um ihr dann wieder nur Solange/Claire vorzuführen, *Claire kotzt sie an.* Parallel dazu misst Solange schnell noch ihre Temperatur, und die scheint zu stimmen: *Klarer als jemals zuvor. Leuchtend.* Der Höhepunkt des Spiels, beide wieder in ihren Rollen Claire/ Gnädige Frau und Claire/Claire sowie Solange/Claire und Solange/ Solange, liegt in der Regieanweisung, *Sie ohrfeigt Claire.*

Claire hat allen Grund, vor ihrer Schwester auf der Hut zu sein. Später, nachdem der Wecker geklingelt hat und die beiden die Spuren ihres Spiels beseitigen, spricht Claire es offen aus, *Wenn wir unsere Zeremonie ausführen, schütze ich meinen Hals. Hinter der gnädigen Frau hast du es auf mich abgesehen. Ich bin in Gefahr.* Dem folgt ein langes Schweigen, das Solange mit einem Schulterzucken beendet, um dann, *(entschlossen)*, die Angst ihrer Schwester zu bestätigen, *Ja, ich habe es versucht.* Vor diesem Hintergrund bekommt die Regieanweisung, *Sie klopft Claire auf die Hände, die diese schützend vor ihre Kehle hält.* eine ganz andere Brisanz.

Solange und Claire spielen – um ihr Leben. Ihnen bleibt also gar nichts anderes übrig, als alle Schubladen zu ziehen und offen zu halten.**(98)** Sie müssen ihre Haut retten, was nichts anderes heißt als, sie müssen – immer-sofort-gleich – »sowohl-als auch« sein. Das macht ihre »Identität« aus – und auch die Ihre.**(99)**

Und doch ist diese Identität nur die halbe Wahrheit, die andere ist die »reale« Realität, die Solange und Claire wieder einholt, nachdem der Wecker (gerade noch rechtzeitig) geklingelt hat und sie sich in ihrer Existenz als Zofen, als »Unterdrückte«, wieder erkennen müssen – als diejenigen, die sie wesentlich sind. *…ich ekle dich an.* stellt Solange fest, *…Ich weiß es, weil du mich anekelst. Liebe in Knechtschaft ist keine Liebe.* Doch selbst jetzt noch, in einem Moment der unsentimental-klarsichtig formulierten Ohnmacht, aus der eigentlich nichts mehr erwachsen kann, keimt so etwas wie Hoffnung. *Du* *hast schönes Haar.* sagt Claire wenig später, *Wundervolles Haar. Die gnädige Frau... Sprich nicht mehr von ihr;* unterbricht sie Solange, und Claire führt ihren Gedanken zu Ende, *Die gnädige Frau hat falsches Haar.* Bevor sie sich wieder auf ihre (Alltags-)Rollen »einstimmen«, haben *die beiden Schauspielerinnen,* wie Genet sie jetzt erstmalig bezeichnet, noch einen innigen Moment, in dem die Schwestern *aneinandergeschmiegt* verweilen.**(100)**

Verweilen wir einen Moment bei diesem Wort, das sich beim Lesen in seiner Tragweite nicht unbedingt erschließt. Die beschriebene Situation erscheint vollkommen unproblematisch. Sie werden diese Haltung, zumal wenn es sich um Ihre Schwester oder Ihren Bruder handelt, mit einer großen Selbstverständlichkeit einnehmen. Aber wie sieht *aneinandergeschmiegt* bei einem Menschen aus, der weiß, dass er, (wie Claire sagt), *einsam* ist und *ohne Freundschaft;* der in *den Augen* des/der anderen *liest,* wie sehr dieser ihn *hasst;* der weiß, dass der andere ihn *ins Feuer werfen* würde; der weiß, dass er, ebenso wie der andere, (wie Solange feststellt), *unglücklich* ist und *heulen* könnte; der weiß, dass Liebe nicht sein kann, *Dreck liebt keinen Dreck;* der aber auch weiß, dass der andere ihm *helfen* und *trösten möchte;* der zudem weiß, dass der andere seinen Schlaf bewachen würde, *Schließ' die Augen,* und der schlussendlich weiß, dass er für der andere dessen *Liebling* ist? – Wie gehen Sie mit diesem Wissen um? Was für Bewegungen erfolgen daraus? Wie sieht es aus, wenn Sie diese ansatzlos-direkt durchführen?**(101)**

In dem kurzen Moment der Zuwendung, die mit dem *Aneinandergeschmiegtsein* endet und der zumeist »ungesehen« bleibt, sind die Schwestern, ohne dass es ihnen bewusst ist, wie in einem Brühwürfel als Konzentrat wesentlich aufgehoben. Jede von ihnen ist, anders formuliert, in ihrer Vielschichtigkeit auf den kleinsten, gemeinsamen physikalischen Nenner gebracht. Wenn das auch Ihr Körper begriffen hat, dann sind Sie im Prinzip da, dann ist »alles eins«, und Sie können, durch das Stück springend, an jeder x-beliebigen Stelle mit Ihrem Spiel starten. Jetzt könnten Sie, wenn Sie es noch brauchen, sagen:

Ich habe die Figur.

Im Schnellverfahren

Alles was die Figur tut, tut sie. Nichts von dem spielt sie.

Die Figur kommt zu dem, was Sie schon sind und weiterhin bleiben, nur dazu.

Jeden ihrer Schritte gehen Sie, jeden ihrer Gedanken führen Sie durch – in Ihrer gedanklichen Echtzeit.

Durch dieses Nadelöhr werden Sie in Ihre Figur hineingezogen, der Sie sich hingeben und die sie gleichzeitig wieder abgeben.

Ihr Körper fungiert als Matrize, in die sich von der Innenseite her diese Wirklichkeit eindrückt und auf ihrer Außenseite ausdrückt.

Je »gegriffener« die von Ihnen durchgeführten Schritte, umso ergreifender die – bildlich wie wahrhaftig – durch Sie zum Ausdruck kommende Realität der Figur.

Nachschlag

Sollten Sie erstmal keine weiteren Fragen mehr haben, könnten Sie sich nun auf all die geschlagenen, geschundenen, zerstörten, gefährdeten, geliebten, verhassten und doch so heiß begehrten Rollen stürzen. Die »Normalen« gelten gemeinhin ja als langweilig, wiewohl sie schauspielerisch die größere Herausforderung sind.
Sollten Sie dann zu dem *inner circle* der Angefragten für eine Rolle vorgestoßen sein, ist eine (entscheidende) Frage noch offen:

Interessiert Sie die Rolle überhaupt?

Aber diese Frage wird erstaunlicherweise so gut wie nie gestellt, geschweige denn die nach deren Qualität, so als ob diese »geschmacksneutral« sei. Gerade zu Beginn einer (möglichen) Karriere scheint es vollkommen egal, was und wen Sie spielen. Nicht selten fühlen Sie sich sogar bemüßigt, die Rolle gut zu heißen, wohl wissend, dass Sie mit ihr eigentlich nichts anfangen können. Hauptsache Sie spielen! Allenfalls fragen Sie noch das Format oder die Anzahl der Drehtage nach, aber weniger aus einem inhaltlichen Interesse, sondern um sich in der ungeschriebenen Schauspielerhierarchie positionieren zu können.

Ich (...) wusste, was ich wert bin. Deswegen habe ich mir herausgenommen, Rollen abzulehnen, die einfach nicht gut waren. (...) warum man immer den Bückling machen soll, nur weil man am Anfang steht.
Richard Dreyfuss

Sollten Sie am Ende zu den »Auserwählten« gehören, die ihren Namen auf der Besetzungsliste lesen, können Sie endlich beginnen.

Der Weg, den Sie dabei beschreiten, um der Rolle (Ihr) Leben einzuhauchen, verläuft normalerweise auf einer Anhöhe, von dem aus Ihr Blick ein allumfassender zu sein scheint. Aber Ihr *point of view* ist nur vermeintlich ein objektiver. Sie bewegen sich nicht außerhalb, sondern innerhalb der Gesellschaft, *zu der Sie sich stimmen*, wie Nietzsche es ausdrückt; anders formuliert, die Gesellschaft »krümmt« nicht nur Ihren Blick, diese befindet auch darüber, was Sie sehen dürfen und was nicht. Die Folgen sind nicht zuletzt deshalb so gravierend, als Sie das, was Ihr »objektiver« Blick erfasst auch für »die« Wirklichkeit halten müssen.**(102)**

Die Formulierung, *die Gesellschaft*, ist zugegebenermaßen von einer gewissen (populistischen) Simplifizierung und wird wahrscheinlich nicht unwidersprochen bleiben. Wer solle das denn sein, bitte schön? Wäre nicht jeder frei, sein Leben so zu gestalten, wie er es wolle? Und was doch wohl außer Frage stehe, dass unsere Freiheit zu keinen Zeiten größer gewesen sei als heute! Nichtsdestotrotz möchte ich noch etwas Öl ins Feuer gießen und behaupten, dass *die Gesellschaft* sogar sehr bewusst den Menschen keine Grenzen mehr setzt, auf dass sich jene nämlich in ihr verlaufen. Viele unserer »Mitbürger und Mitbürgerinnen« – das glaube ich, ist unstrittig – können mit den gesellschaftlichen Veränderungen nicht mehr Schritt halten. Sie fühlen sich nicht nur verloren, sie sind es. Und in dieser, ihrer Verlorenheit suchen diese verstärkt Schutz in (politischen) Heimathäfen, von denen eine, – und jetzt widerspreche ich mir auch noch –, zunehmende Bedrohung für *unsere Freiheit* ausgeht. Diese Problematik in ihrer Gänze zu erfassen und mögliche Konsequenzen daraus zu ziehen, ist natürlich nicht das Thema dieses Buches. Ich spreche es auch nur im Hinblick darauf an, was dieses für Sie als Schauspieler bedeuten könnte. Angesichts einer sich – in ihrer Sprachlosigkeit – zunehmend emotionalisierenden Positionierung als Reaktion auf »aus dem Ruder laufende« gesellschaftliche Entwicklungen, scheint es nicht mehr ausreichend, sich zu »unserer« Gesellschaft nur zustimmen, sondern – in ureigenstem (beruflichen) Interesse – notwendig, sich zu dieser auch zu verhalten.

Befragt auf ihre Zeit als Schauspielerin während des Nationalsozialismus antwortete Marianne Hoppe sinngemäß, dass diese eine im Prinzip unproblematische gewesen sei; die Direktion habe entschieden und sie habe *sauber* gespielt. Der Rückzug auf eine solche Position ist uns, im Wissen um unsere geschichtliche Vergangenheit, (selbst wenn wir diese nicht zu verantworten haben), nicht mehr möglich. Aber auch ein Argument wie, heutzutage sei ich doch als

Schauspieler schon allein deswegen politisch »verantwortungslos«, als ja »der« Kultur, ob nun Film/Funk/Fernsehen oder Theater, vor allem anderen eine reine Unterhaltungsfunktion zukomme, diese somit politisch neutral sei, greift nicht wirklich.**(103)**

Mit einem solchen Kleinreden meiner Arbeit komme ich schon deswegen nicht durch, als ich ja mein Leben nicht nur als schnöder Dienstleister, sondern als großer Künstler verbringen und so auch wahrgenommen werden möchte. Nur: Was müsste ich denn dazu tun, dass meine Art und Weise des Schauspielens mit dem Gütesiegel »künstlerisch wertvoll« etikettiert wird?

Der Maler Francis Bacon meinte in einem Gespräch mit der Filmemacherin und Autorin Marguerite Duras, dass er zwar den Pinsel auf die Leinwand setze, der Rest aber *technische Phantasie* sei. Womit er zum einen sagt, dass seine Kunst auf handwerklichem Können fußt und zum anderen, dass er im Schaffensprozess in der Rolle eines Ausführenden der technischen Phantasie als seinem Alter Ego quasi nur zur Seite stehe; eine Art der »Arbeitsteilung«, die ich auch von meiner Schauspielerei her kenne und nachvollziehen kann. Komplizierter wird es, wenn es um den Stoff geht, aus dem diese sogenannten Träume sind. Francis Bacon war als Maler, sowohl was deren Auswahl wie Umsetzung betraf, autonom, während ich, (in aller Regel) abhängig beschäftigt, eine »vorgeschriebene« Rolle weisungsgebunden umzusetzen habe. Was wäre also für den Schauspieler in mir vonnöten, dass der Satz, *Ich bin ein Künstler*, nicht nur eine Behauptung bleibt?

Was einen »guten« Schauspieler ausmacht: Durch Begabung gesteuertes Handwerk. *Jochen Busse*

Kunst bedeutet für mich nur, so der Schauspieler und Regisseur Viggo Mortensen, *genau zu beobachten, was um dich herum geschieht, und dies zu interpretieren.*

In diesem Sinne bezöge mein Spiel seinen (künstlerischen) Wert darüber, wie meine, ganz persönliche, gesellschaftliche Bezugnahme und deren Auswertung in die Gestaltung der Figur mit eingingen. Anders formuliert, ich stimmte mich nicht mehr nur zu der – als einer über mich kommenden – Gesellschaft, sondern ich verhielte mich in dieser – als einer als veränderbar begriffenen. Noch anders formuliert, ich privatisierte nicht, genügte mir mit meinem mich als Künstler bestätigendem Spiel, sondern ich sozialisierte mich, zeigte mich »erkenntlich« durch die – gespielte – Interpretation meiner »Weltsicht«.

Von meiner Weltsicht aus zurückgeblickt kann natürlich auch mein »Aussichtsturm« lokalisiert werden und wenn der in einer »provinziellen Zone« stehen sollte, würde ich diese nicht unbedingt kenntlich machen wollen. Einer solchen Zone entstammen unzählige (große) Künstler, beispielsweise auch David Lynch. Dass er heute zu einem der bedeutenden zählt, hat seine Ursache nicht zuletzt darin, dass er um seine Provinzialität gewusst, sie angenommen und zum Ausgangspunkt seiner Arbeit gemacht hat. In CATCHING THE BIG FISH schreibt er: *Aber ich bin nur ein Typ aus Missoula, Montana, der sein Ding macht und seinen Weg geht wie jeder andere auch.* Und er fährt fort: *Wir spiegeln alle die Welt, in der wir leben… Und so wie ich… kannst du überall sein und Befremdliches darin sehen, wie die Welt gerade ist, oder eine bestimmte Sicht der Dinge haben.*

David Lynch schaut nicht aus besagtem Elfenbeinturm auf die Welt herab, sondern, als Teil dieser Welt, sieht er in deren Spiegelung immer auch sich selbst (gesehen). Seine Sicht der Dinge beansprucht nicht »die« Wahrheit, sie ist wahrhaftig. Nicht das Ergebnis interessiert, sondern der Vorgang, das Tun – wie in der Schauspielerei. Dieses Tun ist so subjektiv wie vorläufig, denn gleichberechtigt steht neben David Lynch *jeder andere auch.*

Provinz ist nicht an den Ort gebunden; sie sitzt im Kopf.
Theodor Ross

Die gemachten Entdeckungen können manchmal besondere sein, eben »künstlerisch wertvoll«, zumeist sind sie es aber nicht. Das mindert nicht ihren Wert – und den Ihren im Übrigen auch nicht(!) –, wenn sie nur wahr sind, sprich wenn Sie nur wahrhaftig vorgehen. Dazu müssen Sie nicht erst in »die erste Liga« aufsteigen oder sich Höchstleistungen abringen. Sie sollten überhaupt nicht zu gut sein wollen. Sie können Ihr Glück auch sehr gut ohne Kunst machen, solange Sie authentisch sind. Sie gehen – unbeirrt – einfach nur Ihrer Figur nach. Und wenn diese vor Ihrem inneren Auge Bestand hat, wenn diese für Sie gut genug ist, dann können Sie auf die Bühne oder vor die Kamera treten und: einfach nur spielen.

Sie als die entscheidende Instanz der Beurteilung ihrer Leistung sind auch aus Sicht der Konsumenten wichtig. Denn diese müssen – eine Besonderheit unseres Berufes – die Ware schon vorab bezahlen und können bei Ungenügen keine Regressforderungen stellen. Aber schon eine angebrannte Currywurst lassen sie zurückgehen. Mit unserer Schauspielerei gehören wir zur Berufsgruppe der Dienstleister; für unsere (Dienst-)Leistung werden wir honoriert und wenn diese dann auch noch irgendjemand für Kunst hält… Nun gut, warum nicht.

Ob nun Künstler oder Dienstleister, es steht immer noch eine Frage im Raum, was denn nun mein besonderer Anteil an der künstlerischen Interpretation der textlichen Vorgabe ist. Der »Hollywood Star« Joaquin Phoenix geht in einem Interview auf dieses fragile

Verhältnis ein: *Die Schwierigkeit besteht darin, die richtige Balance zu finden. Verstehen Sie mich nicht falsch: Natürlich war das »Joker«-Drehbuch akribisch ausgearbeitet, dramaturgisch präzise und jeder Charakter darin minutiös festgelegt. Das war das Sprungbrett. Dann musste ich springen.*

Im alles entscheidenden Augenblick – dem der »Kunstwerdung« – sind Sie im freien Fall; Ihre Kunst bleibt unberechenbar. Ob Sie diesen Verwandlungsprozess vollziehen, scheinen nicht Sie zu bestimmen. Sie können den Prozess wohl nur in Gang setzen, in dem Sie springen. Und das tun Sie nicht als der große Künstler, der Sie sein wollen, sondern als der widersprüchliche Mensch, der Sie sind. Ihre künstlerische Größe misst sich an dem Risiko, das Sie eingehen zu scheitern: Sie schlagen auf dem Beton auf, oder der Sprung gelingt Ihnen. – Für Joaquin Phoenix funktioniert die Schauspielerei genau dann am besten, *wenn ich ganz im Moment bin, alles, was auf mich einströmt, aufnehme und instinktiv darauf reagiere… Gute Schauspielerei ist Jazz – nicht Mathematik.*

Kunst ist ist die Vermählung des bewussten Verstandes mit dem Unbewussten.
Jean Cocteau

Die Sängerin Nina Simone geht in ihrem Verständnis von dem, was Künstler auszeichne, insofern noch einen Schritt weiter, als sie es nicht bei einer Freiwilligkeit des (sauberen) Ausübens belässt, sondern jedem Künstler eine gesellschaftliche Verantwortung zuspricht: *An artists duty is to reflect the times.* Der Akzent liegt weniger auf dem Sein, als auf der Aufgabe, die sich aus diesem Sein ergibt. Mehr als dass ich, quasi als bedingter Reflex, die Gesellschaft nur spiegele, reflektiere ich sie. Das heißt, ich entwickle eine Haltung in Form einer gesellschaftlichen Positionierung und diese Haltung bestimmt meinen künstlerischen Ausdruck. Womit auch die, über allem schwebende, Frage beantwortet wäre, warum ich den Beruf eigentlich ergriffen habe.

Letzte Worte

Möglicherweise wollen Sie ja jetzt, zum Ende der Lektüre, von allen weiteren theoretischen Überlegungen unbehelligt, nur noch eines: endlich spielen. Falls Sie jedoch noch nicht entschieden sind, mit was, wo und wie am besten beginnen, können Sie sich einfach schon mal dem überlassen, was jede Ihrer Figuren »humanisiert«:

Denken

Anmerkungen

1 Schon ein Blick auf die Geschichte des Group Theatre zeigt die unterschiedlichen und gegenläufigen Entwicklungen, die etwa ein Lee Strasberg auf der einen und ein Sanford Meisner oder eine Stella Adler auf der anderen Seite vollzogen haben; von deren Apologeten ganz zu schweigen. Doch ging es in diesen Auseinandersetzungen um ein gemeinsames Ziel: das einer Authentizität, die nicht nur die Spiel-, sondern die gesamte, private wie gesellschaftliche, Lebensweise betraf. So anrüchig es in Zeiten einzelkämpferischer Selbstdarstellung und Vermarktung heutzutage auch anmuten mag, das Group Theatre war ein kommunistisches und *method acting* Mittel zum Zweck für ein aufrichtigeres Spielen und für eine gerechtere Welt.

2 Text sowie Interpretation stammen vom Autor.

3 *Ich habe das nicht gespielt. Ich wurde das. Sonst wäre ich auf dieser Bühne verloren gewesen.* Sally Perel, der Autor von *Hitlerjunge Salomon*, meint mit *dieser Bühne* eine Eliteschule der Nazis, in der er als Sechzehnjähriger zum Hitlerjungen ausgebildet worden ist. Bei der Trennung von seinen Eltern, die im Ghetto zurückbleiben, rät ihm der Vater, immer an Gott zu glauben, denn dann würde dieser auch ihn beschützen. Seine Mutter hingegen meint, er solle leben. Auf seiner Flucht nach Osten landet er in einem russischen Waisenhaus, das später in die Hände der Nazis fällt. Von einem deutschen Soldat befragt, ob er Jude oder Volksdeutscher sei, antwortet er, *Ich bin kein Jude, ich bin Volksdeutscher* – die anschließende, obligatorisch bei jedem Heimkind durchzuführende, Untersuchung der Beschneidung, deren Entdeckung die Erschießung des Jungen zur Folge gehabt haben würde, unterbleibt, einfach weil der Soldat keinen Grund sieht, an der Wahrhaftigkeit der Antwort zu zweifeln.
Die Sekunde vor seiner Antwort sei ihm wie eine Ewigkeit vorgekommen, äußert sich Sally Perel Jahre später in einem Interview, und ihm seien in dem ganzen Wirrwarr seiner Gedanken auch die Ratschläge seiner Eltern durch den Kopf gegangen. Er habe sich – angesichts seines drohenden Todes – entschieden, dem Rat seiner Mutter zu folgen und das Leben über den Glauben zu stellen. Es seien Abwehrmechanismen und Instinkte gewesen, die sein Denken übernommen hätten. – Er hat nicht gelogen, er hat die Wahrheit gesagt.
Bei der Besetzung von *Blue Velvet,* schreibt David Lynch in CATCHING THE BIG FISH, … *hatten alle Dennis Hopper ins Gespräch gebracht. Aber jeder sagte: »Nein, nein; mit Dennis kann man nicht arbeiten (…) du wirst nichts als Ärger haben.« Also suchten wir weiter (…) Dann rief Dennis an und sagte: »Ich* muss *Frank spielen, weil ich Frank* bin.«

4 In *Die Arbeit des Schauspielers* geht Ernst Schröder diesen Fragen nach: (…) *viele Schauspieler lernen den Text des Dichters gut, sie leisten Mittelmäßiges; wenige lernen ihn sehr gut und leisten darum Gutes. Einige aber* **verleiben** *ihn sich ganz ein (…) so dass das intellektuelle Bewusstsein ihn wieder vergessen kann (…) sie besitzen eine* **anonyme Passivität***, sich von sich selbst überraschen zu lassen. Immer neu. Allabendlich. Diese sind Schauspieler.* (Hervorhebungen durch den Autor.)

5 Schon beim Betreten der Probebühne, auf der das Vorsprechen stattfinden sollte, begrüßte mich der Regisseur angesichts meiner schlanken Statur mit den Worten, mir sei aber schon klar, dass das eine Rolle sei, in der ich was bringen müsse! – Dass ich es dann nicht gebracht habe, versteht sich fast schon von selbst.

6 Den Autor der Szene konnte ich nicht mehr ausfindig machen.

7 Der Roman erzählt die Geschichte eines jüdischen Kindes, das auf der Flucht vor den Nazis in einem französischen Kinderheim Unterschlupf findet. Nachdem die deutsche

Armee Frankreich besetzt hat, ist es auch hier nicht mehr sicher. Es muss noch in der Nacht das Haus überstürzt verlassen:

Die Tür wurde ihm aufgemacht, und vom Windfang sah er wie immer vor sich den Weg zur Straße hinaufführen (...) rechts der zerklüftete Felsen (...) und links der bewachsene Abhang (...) Den Wagen hatte er (...) am Ende des Weges erraten (...) Schon hatte er die Mitte erreicht, als drei Mann, auf einmal aufgetaucht, in einer Reihe (...) die ganze Wegbreite einnahmen: ein deutscher Offizier mit silbernen Streifen am Kragen, zwei behelmte Soldaten – genau wie damals noch seine Bleisoldaten – mit vorgehaltener Maschinenpistole: in der Mitte die kleine, schwarze Öffnung des Laufs, beide auf ihn gerichtet. Die Stiefel waren blank, aber bei einem ganz oben die Schnalle nicht fest zugezogen. Man sah jede Einzelheit, die einzelnen Stofffasern der Uniformen, es gab so viel zu sehen. War es denn nicht das letzte, das er mitnehmen würde, eine **Sehwand**, *hinter der es nichts mehr geben würde (...)*
(Hervorhebung durch den Autor)

Der Autor beschreibt die vielleicht ungeheuerlichste Situation, in die ein Mensch, zudem noch ein Kind, kommen kann, die seines drohenden Todes. Es muss das Unvorstellbare, seinen Tod, auf dem Weg zugleich gedanklich antizipiert und die Entscheidung getroffen haben, wenigstens auf dieser Sehwand zu bestehen, dem *letze*(n), *das er mitnehmen würde...* Was für eine (kindliche) Vorstellung vom Tod, dorthin etwas mitnehmen zu können, so als ob man dort auch *sein* würde.

8 (Handlungs-)Verben hießen in der einklassigen Volksschule, die ich noch besuchte, Tu-Wörter. Die hießen deswegen so, weil das alle die Wörter waren, die ich **tun** kann. Zu sagen, *ich tue essen*, war als Vorstufe zum späteren, *ich esse*, nicht falsch.
Je größer Ihr Fundus an Tu-Wörtern, umso größer Ihre Auswahlmöglichkeiten, Ihr Spiel zu konkretisieren und Ihre Figur zu »individualisieren«.

9 Die Anweisungen des Regisseurs, der in aller Regel weiß, was er sehen will und genau das auch artikuliert, sind oft geradezu eine Steilvorlage für äußerliches Gestalten, wie etwa: *Sprich mir den Satz ironischer.*

10 Am Set bleibe ich in solchen Situation meist ratlos zurück. *Hört und sieht das denn niemand, dass das falsch ist! Was gilt eigentlich noch als wahr? Was ist eine Wahrheit überhaupt wert, wenn sie als eine solche nicht gesehen, geschweige denn vermisst wird? Wird das Falsche, nur weil es wiederholt vorkommt, deswegen als richtig erachtet? Wird das Falsche, nur weil wir uns an es als etwas schon in der Vergangenheit Gewesenes erinnern, dadurch real, mithin eine Wahrheit?*
Was würde das eigentlich bedeuten, wenn wir diese Überlegungen auf der politischen Ebene anstellten?

11 In meiner Arbeit ist das – aus unterschiedlichsten Gründen – zu schnelle Sprechen, das den meisten als ein solches nicht bewusst ist, Hauptursache für ein Spielen, das seine Zuhörer zwar akustisch erreicht, aber inhaltlich nicht betrifft. Und selbst wenn die Schauspieler um dieses Problem wissen, kann es ihnen schon beim nächsten Take wieder wegrutschen.

12 Wie oft sind wir erstaunt oder wollen es nicht wahrhaben, wenn uns jemand sagt, wir seien arrogant, ungerecht, selbstmitleidig oder ähnliches. Wir haben kein Bewusstsein von unserer Wirkung, die oft unserer Selbstwahrnehmung diametral entgegenläuft, einfach weil wir uns nur auf der Höhe unseres Verhaltens befinden und über unsere Ausstrahlung nicht nachdenken.

13 Oft mutet es mich an, als ob sich dieses ganze elendige Erwachsenwerden vor allem dadurch auszeichnet, uns selbst ausgetrieben worden zu sein und zwar mit dem Stock, von dem Heinrich Heine sagt, dass die Deutschen ihn verschluckt hätten.

14 In der Arbeit komme ich mit vielen Schauspielern – noch nach Jahren – immer wieder auf diesen Punkt zurück. Denn selbst wenn ihnen ihre Ausweichmanöver als solche bewusst geworden sind, bleiben sie ihnen doch weiterhin ausgesetzt. Das Gefühl des Ungenügens, des Nicht-Ausreichen scheint sich über die Jahre geradezu naturalisiert zu haben, ist so tief in ihnen verankert, dass es nicht mehr zu greifen ist. Schon beim nächsten, *Und bitte!* reagieren sie wie der pawlowsche Hund. Kommt später noch der Druck des Spielens dazu, sind sie derart außer sich, dass ihnen entgeht, wie sehr dieser »Charakterzug« ihr Spiel bestimmt und das heißt: ihren Ausdruck begrenzt.
Und es kommt noch schlimmer: Sie teilen sich nicht mehr mit, werden in einem gewissen Sinne asozial, denn ihrem Spiel fehlt das Wesentliche, seine kommunikative Struktur. Während die einen nicht selten glauben, ihre erotische Attraktivität durch einen stimmlichen »Weichmacher« steigern zu können und sich somit zum Objekt machen, werden die anderen in ihrer behaupteten Leidenschaftlichkeit zu »Kläffern«, die bellen, aber nicht beißen. Alles was aus dieser Art des »privatdurchsetzten« Spiels erwächst, kennzeichnet nicht so sehr die Figur als den Menschen hinter ihr.
Wird diese »Defizitleistung« bewusst gemacht, ist die Reaktion in der Regel eine selbstgeißelnde: *Bin halt nicht gut.* Aber darum geht es eben nicht. Es sind ja oft die Sensibleren, die Anfälligeren, die sich schwer tun und sich quälen. Doch das, wofür sie sich schämen, ist gerade ihr Potenzial, das sie für eine differenziertere Wahrnehmung ihrer selbst wie der Figur nutzen könnten. Die Schwierigkeiten des richtigen Beginnens mit der Arbeit an der Rolle stehen mit der schauspielerischen Qualität in keinem Zusammenhang. Damit diese sich freisetzen kann, braucht es ein Wissen um die – technischen – Zusammenhänge und Abhängigkeiten.

15 Ähnlich pragmatisch verkürzt äußerte sich der Schauspieler John Wayne, *Langsam gehen und nicht an die Möbel stoßen.*

16 *Bei mir ist es rein so entschieden, daß, wer sich nur selber spielen kann, kein Schauspieler ist. Wer sich nicht dem Sinn und der Gestalt anvertrauen kann, verdient nicht diesen Namen.* Diese Äußerung Johann Wolfgang von Goethes zitiert Frank Witzel in seinem Roman *Die Erfindung der Roten Armee Fraktion durch einen manisch depressiven Teenager im Sommer 1969*, um dann fortzufahren: *Apodiktisch und undifferenziert und deshalb eben unser größter deutscher Dichter. Natürlich könnte man mit diesem Zitat die ganze Fernsehlandschaft leerfegen, aber ist es nicht vielleicht das Schwerste, sich selbst zu spielen und wirklich allen Facetten des Selbst Ausdruck zu geben, ohne der Versuchung, oder besser dem Zwang zu erliegen, dieses Selbst in eine Form zu pressen, die dem anderen die Möglichkeit gibt, zu erkennen, dass es sich um eine Selbstdarstellung handelt?*

17 In der Arbeit sehen sich diese Träumenden mit ihrem schauspielerischem Unvermögen und ihrer Schamhaftigkeit konfrontiert. Sie wollen gar nicht wahrhaben, dass sie das sein sollen, dem sie da plötzlich gegenüber stehen. Dieses Bild ist so überhaupt nicht deckungsgleich mit dem von ihnen in den sozialen Netzwerken veröffentlichten, das ja nur Auskunft darüber gibt, wie sie gesehen werden wollen. Das, glauben sie allerdings, seien sie auch. Dieser Realitätsverlust ist nicht zuletzt eine Folge ihres Mangels an gesellschaftlichen Bezügen, über die sie sich immer weniger definieren. Sie vertreten ihren, locker-flockig daherkommenden, Einzelkämpfer Status, auf den sie geschrumpft sind, als »selbstbestimmt«, aber als einen Menschen, der sich durch ein Bewusstsein seiner Geschichte auszeichnet, verstehen sie sich nicht. Die Verunsicherung, die ein solches Lebenskonzept – was eine irreführende Bezeichnung ist, haben sie sich ja nicht wirklich für diese Existenzform entschieden – nach sich zieht, führt langfristig in eine Form von persönlicher Erstarrung, die auf ihrer politischen Ebene oft »reaktionär« daherkommt. Allein der Vorschlag, sich doch mal mit einem Theatertext zu befassen, erzeugt vor allem eines: Überforderung. Im Nur-man-selbst-sein-wollen bricht sich ihre

– ihnen nicht bewusste – Lebensangst Bahn, die sie schon vor einem möglicherweise gereimten Text zurückschrecken lässt. Nicht nur ist ihnen die Welt keine Heimat, auch in der Sprache finden sie sich nicht mehr wieder. Sie können sich nicht »(er-)fassen«; sie sind sich selbst außen vor.

18 Die Diskussion, wo sich denn das Zentrum von Schauspielern befinde, brandet immer wieder auf, vor allem angesichts vermeintlich unüberwindlicher Hürden in der Arbeit. Es wird allgemein in der Magengegend verortet. Der »nur« Volksschauspieler Willy Millowitsch – schon das Wort ist eine Denunziation und zeigt, dass im Kulturbetrieb die Gesetze einer Zweiklassengesellschaft nach wie vor zur Anwendung kommen – war da konkreter: *Nee Jung, dat hab ich im Arsch, dat dat nich stimmt, wat du da machs*, sagte er mir auf einer Probe, als ich verzweifelt auf der Suche nach der Komik der zu spielenden Figur war.

19 In *Auf der Suche nach der verlorenen Zeit* beschreibt Marcel Proust seine Identität als – sinngemäß – die Summe der Sackgassen, in die er gelaufen sei. Das ist auch für den schauspielerischen Prozess ein brauchbares Bild, weil der Irrtum keiner demotivierenden, moralischen Bewertung unterworfen wird, sondern als Voraussetzung für eine Weiterentwicklung der eigenen Persönlichkeit, die sich aus der Summe eben dieser Sackgassen zusammensetzt, angesehen wird.

20 Noch ein Spiel aus meiner Kindheit: Die Jungen spielten *Deutschland erklärt den Krieg gegen...* (Mädchen waren nicht mit von der Partie, nicht weil sie nicht gedurft hätten, sie wollten einfach nicht, denn sie fanden das Spiel erklärtermaßen nur *doof.* Während sie ihre zukünftige Rolle puppenspielender Weise einübten, okkupierten wir schon wieder – wie selbstverständlich – die Welt.) Bei aller Kriegslust war es jedoch das Wichtigste, den Feind nicht zu verletzen. Wir standen im Kreis, jeder mit einem Messer in der Hand. Der jeweilige Spieler musste das seinige so nah wie möglich zweien der Gegenüberstehenden vor die Füße in die Erde werfen, um von da aus die Grenzlinie des eroberten Landes zu den eigenen Füßen hinzuziehen. Doch schon der daneben Stehende konnte den Landgewinn wieder zunichtemachen, je nachdem wie nah er an seinen Feind herankam. Bei aller spielerischen Aggression ist es aber nie passiert, dass jemand sein Messer zu weit geworfen und einen Mitspieler verletzt hätte. Wir spielten zwar Krieg, aber wir übten »Sozialverhalten«. Über jedem – gnadenlos erkämpften – Sieg stand das Leben des Gegners; das war unverletzlich.
Doch spätestens am Tag der Musterung war nach der klassischen Frage an die potenziellen Kriegsdienstverweigerer und »Drückeberger«, Wenn jemand deine F*reundin angreift, schaust du dann zu oder greifst du zur Waffe?* die Kindheit endgültig ausgeträumt; Lessings (revolutionäre) Maxime, *Was Blut kostet, ist kein Blut wert,* nur noch von literarischem Wert.

21 Am Set kommt auf solche Einwände meinerseits nicht selten der schon klassische Satz des Regisseurs, *Ich weiß, aber egal, Wirkung vor Logik.* Nehmen die Schauspieler, derart alleingelassen, dann beim Drehen unbewusst Abstand von dem Text, weil sie nicht mit ihm in Verbindung gebracht werden wollen, ist die Szene sofort beerdigt.

22 Wie das Wort Notwendigkeit sagt: Aus meiner »Not« heraus entwickle ich eine »Wendigkeit«, um jene zu beheben.

23 Spätestens an diesem Punkt wird klar, dass es mit dem »einfach so sein« beim Spielen nicht getan ist. In dem Moment, in dem ich einen Andersgeschlechtlichen verkörpere, habe ich es mit einer Figur zu tun.

Am Set kommt es immer wieder zu missverständlichen Situationen, wenn ein Schauspieler in einer Liebesszene seine Partnerin »anmachen« soll. In seinem »figurenlosen« Agieren ist er in erster Linie damit beschäftigt, so neutral zu schauen, dass die Kollegin bloß nicht denken könnte, er würde sie wirklich anmachen. Also »neutralisiert« er sein Spiel und tut nur so als ob er ihr auf den Busen schauen würde. Dass die Kollegin dann auch nur noch so tun kann, als würde sie »angemacht« sein, ist klar. Wäre es Konsens, dass nicht sie es sind, sondern zwei Figuren, die da aufeinandertreffen, dann könnten sich beide »real« verhalten, und blieben nicht in ihren bürgerlichen Anstandsregeln gefangen, auf die ihr Spiel verweist. Trotzdem muss, gerade weil man sich so nah kommt, die »Übergriffigkeit« abgesprochen und in beiderseitigem Einverständnis geprobt werden.

24/25 (siehe auch Anm. **8**) Im Roman von Goldschmidt heißt es weiter:

(...) *Als er am Spähwagen vorbei kam und so tat, als ginge ihn das nichts an, hörte er zwei Soldaten über ihn sprechen. Gierig hörte er beinahe nach dem Klang seiner Muttersprache. Jahrelang hatte er ihn nicht mehr gehört, und doch verstand er jedes Wort.*

Der Junge muss in seiner Todesangst sein Verhalten auf sein Gesehen-werden durch die Soldaten hin abstellen. Er muss sich vor ihnen »in Szene setzen«, den Eindruck der Gleichgültigkeit erwecken, also das totale Gegenteil von dem, was ihn gefühlsmäßig erfüllt. Er reagiert nicht emotionalisiert – dafür ist seine Not viel zu groß –, sondern er verhält sich – aus eben dieser Not heraus – kommunikativ, ist mit seiner Konzentration bei den Soldaten, aus deren (Nicht-)Reaktion er schließt, dass sie seinem »Vorspiel« Glauben schenken. Überdies gibt er in dieser lebensbedrohlichen Situation gleichzeitig noch einem Bedürfnis nach, dem Klang seiner Muttersprache nachzuhängen, in gewissem Sinne also auf einer weiteren Ebene seines Selbst passiv zu sein, sich dem Klang (seiner verloren gegangenen) Heimat zu überlassen. In seinem ständig nach außen gerichteten Blick – auch er und seine Gefühle sind in dieser Situation Teil der außerhalb vor ihm liegenden Welt – ist er aber nicht außer sich, er ist zutiefst bei sich. Er illustriert also keine »Lebensangst« im Allgemeinen, sondern er trifft konkrete Entscheidungen, als Folge der – in seiner gedanklichen Echtzeit – vollzogenen Bewertungen dessen, was er sieht. Er agiert auf mehreren Ebenen gleichzeitig. Seine Persönlichkeit erscheint »geschichtet«. Die Anzahl der Schichten bestimmt die Dramatik der Situation.

Die Schilderung hat nichts Dramatisches, und doch ist in ihr alles enthalten, was für einen schauspielerischen Vorgang vorrangig ist, soll er – das immer vorausgesetzt – durch seine Authentizität gekennzeichnet sein, also in seiner Wirkung ungespielt.

26 (siehe Anm. **8** und **24/25**) Möglicherweise hat Goldschmidt mit dem Titel seines Romans, *Die Absonderung*, auch die Abspaltung des Kindes von seinen Gefühlen im Auge gehabt, denn von denen ist zunächst nicht die Rede. Das Ereignis ist zu groß, als dass im Prozess seines Erfassens – und auf den das Kind zu pochen scheint als etwas ihm in diesen möglicherweise letzten Lebensmomenten Zustehendes – für Gefühle ein Platz sein könnte; sie sind (noch) nicht vorhanden. Goldschmidt schreibt:

Die Angst kam erst, als er schon lange außer Sicht war... In die Stille des dumpfen und regelmäßigen Fallens des Regens hörte er das Sirren der Seilbahn hinein. Er blieb stehen und horchte hin, das Geräusch zog sich unsichtbar weit oberhalb der Tannen hin, man hörte sogar das Rollen über die Stützen. Es waren die Deutschen, sie hatten ihn nur durchgelassen, um ihn auf der Flucht besser einfangen zu können. Je höher er käme, desto leichter würden sie ihn kriegen. Vor Angst aufschreiend lief er wieder hinunter, einen Weg, den er nicht kannte...

Das Gefühl der Angst entsteht nachgeordnet, in einem zeitlichen Abstand zu dem es auslösenden Ereignis. Erst jetzt kann es überhaupt ins Bewusstsein kommen. Aber – und das ist entscheidend für die Glaubwürdigkeit eines zu spielenden Vorgangs – selbst jetzt, in dem Moment »tiefster Innerlichkeit«, hat der Junge seine Konzentration auf die ihn umgebende Welt gerichtet, die »in ihn hineinfällt« und die er nun im Hinblick auf das Durchlebte interpretiert, ...*und horchte hin, man hörte sogar das Rollen über die*

Stützen. Es waren die Deutschen... Erst jetzt gerät er außer sich, verhält sich irrational, obwohl dieses Verhalten in sich dann trotzdem wieder als ein logisches daherkommt.

27 Ein, *Was?*, ein, *Was!*, oder ein, *Was!?*, kennzeichnen unterschiedlichste Situationen. Je konkreter ich deren Funktion entschlüssle, umso konkreter kann ich mein Verhalten weiter ausdifferenzieren. Satzzeichen können wesentliche Informationen über die augenblickliche emotionale Verfassung der Figur sowie über deren Charakter liefern. (Das heißt ja nicht, dass ich mich später immer sklavisch an diese Vorgaben halte und mein Spiel nur auf diese hin ausrichte.)

Ein »Meister der Satzzeichen« ist Gotthold Ephraim Lessing. Seine Figuren tun in ihrer Not der höchsten emotionalen Verwirrung etwas, was sie überhaupt erst zu Menschen macht: Denken – männliche wie weibliche gleichermaßen und letztere zumeist auch noch etwas souveräner. Die Interpunktion strukturiert nicht nur unwesentlich dessen Verlauf, sondern ist auch konkreter Ausdruck der Charaktere hinter den Sätzen. In *Nathan der Weise* treffen im 3. Akt, 2. Szene Recha und der Tempelherr zum ersten Mal wieder aufeinander, nachdem er sie aus den Flammen gerettet hat.

RECHA (fährt zusammen, fasst sich und will ihm zu Füßen fallen)
Er ist's! – Mein Retter, ah!

TEMPELHERR *Dies zu vermeiden*
Erschien ich bloß so spät: und doch –

RECHA *Ich will ja*
Zu den Füßen dieses stolzen Mannes
Nur Gott noch einmal danken; nicht dem Manne.

Lessing konkretisiert Recha durch eine Abfolge von drei Handlungsschritten: Zunächst reagiert sie reflexhaft auf den Anblick des Tempelherrn, sie fährt zusammen. Sie fasst sich im zweiten Schritt und trifft im dritten eine Entscheidung, sie will ihm zu Füßen fallen. Und erst jetzt(!) spricht sie: *Er ist's!* Das Ausrufezeichen verweist auf ihre innere Erregtheit. In dem folgenden Gedankenstrich vollzieht Recha eine einordnende Bewertung des Tempelherrn: *Mein Retter*. Auf diese folgt, nur durch ein Komma getrennt – also auf einem Atem gesprochen –, was der Retter ihr bedeutet, und sie lässt ihren Gefühlen freien Lauf, *ah!* Das Komma ist auch ein Verweis auf ihr inneres Tempo, in dem die gedanklichen Umschwünge stattfinden. Und ihr »Zustand« des Glücks findet kein Ende, was das Ausrufezeichen nach, *ah!*, klar macht, weshalb der Tempelherr – gekennzeichnet durch das Versmaß, in dem er bleibt – sie unterbricht, denn er sieht sich in seiner Befürchtung in Bezug auf ihre Reaktion bestätigt. Aber er versieht diese mit einem Doppelpunkt, mit anderen Worten: Während er noch sein Verhalten erklärt, *Dies zu vermeiden erschien ich bloß so spät:* wird ihm – auf einer weiteren Ebene – gleichzeitig klar, dass er sich in diesem Augenblick in Recha verliebt hat. Und dafür steht der Doppelpunkt. Dem würde er jetzt Ausdruck geben, *und doch –,* wäre da nicht der Gedankenstrich, der sein Zögern kennzeichnet, denn diese Liebe nur zu denken, käme einem Tabubruch gleich: ein Christ und eine Jüdin. Aber es ist offensichtlich, er ist verliebt, und es ist die gesellschaftliche Konvention, die ihn stoppt. Nun unterbricht Recha ihn, ebenfalls im Versmaß bleibend, und liefert ihre, in dem Gedankenstrich vollzogene, Bewertung. Sie glaubt, dass er sie als Frau meint und macht ihm daraufhin klar, dass sie nichts von ihm als Mann will, sondern nur den Retter in ihm sieht. – Was für vielschichtige, in ihren gesellschaftlichen Bezügen gefangene, Persönlichkeiten treten uns hier in dieser kurzen Szene entgegen.

Wäre der Text einem heutigen Drehbuch entnommen, würden wir uns wahrscheinlich nicht weiter daran stören, wenn wir läsen:

RECHA
(*vollkommen überfordert*)
Ah, mein Retter! Er ist da!

Rechas komplexe Persönlichkeit wäre mit nur zwei Worten auf einen rein emotionalen Zustand eingedampft, und sie als eine, auch eigenständig handeln könnende, Person käme nicht mehr vor. Aus einem jungen Mädchen, das nicht nur Gefühle hat, sondern auch mit ihnen umzugehen weiß, würde tendenziell ein Opfer, das in einem, ihm von außen zugefügten, Leid *vollkommen überfordert* gefangen wäre. – Das schrie nachgerade nach einem Retter, der ja auch nicht lange auf sich warten lässt!
Die leicht veränderte Textanordnung täte ein übriges, und wir sähen eine – jetzt nur privat vollkommen überforderte – Schauspielerin, die mit der Illustration einer auf ihre Gefühle reduzierten Frau zwangsläufig im kunstgewerblichen Edelkitsch endete.
Insofern schwingt bei dieser Art der Zustandsbeschreibungen von Figuren auch immer etwas Menschenverachtendes mit; sicher ungewollt, soll es ja »nur« um (möglichst große) Gefühle gehen, aber diese verweisen eben auch auf eine politische Haltung, von der sie nicht zu trennen sind. – Lessing war da 1779 jedenfalls schon weiter, und er sei wärmstens allen angehenden Drehbuchautoren ans Herz gelegt.

28 Am Ende des Satzes, *Hör endlich auf, mich für deine Fehltritte im Leben zu beschuldigen*, müsste eigentlich ein Ausrufezeichen stehen.

29 Wenn ich eine Figur darstelle, möchte ich diese – verständlicherweise – auch in ihrer (emotionalen) Gänze präsentieren. Aber woraus setzt sich diese zusammen? Marcel Proust (siehe auch Anm. **19**) geht in seinem Roman dieser Frage nach, und er bemüht das Bild eines Menschen, in dessen Kopf eine Ansammlung von Schubladen steckt, zwischen denen es keine Verbindung gibt. Je nachdem, welche man nach vorne zieht, kommt ein anderer Mensch zum Vorschein. Übertrage ich dieses Bild auf mein Spiel, dann ist der »andere« Mensch sofort da, sobald ich die Schublade aufziehe. Ich brauche eben keine »Anwärmphase«, ich bin sofort da. Egal wie kurz die Zeit auch ist, die ich mir als Schauspieler nehme, um mich für meine Antwort »emotional einzustimmen«, ich antworte verzögert, und der Rhythmus der Szene ist (nachhaltig) gestört: Ich komme zu spät, die Figur ist schon weg, und ich laufe ihr nur noch hinterher. Das heißt, ich weiß zwar um die jeweilige Emotion der Figur, aber ich starte ohne Rückgriff auf diese, sofort.

30 Ich erlebe immer wieder, dass man sich für Schauspieler entscheidet, die von ihrer Qualifikation nicht unbedingt die erste Wahl sind, aber eben – aus vielen anderen (überzeugenden) Gründen – besser passen.
Ich persönlich halte es für eine unglaubliche Verarmung, Besetzungen vornehmlich unter dem Aspekt des Typs vorzunehmen. Was kennzeichnet denn Schauspieler, wenn nicht ihre mögliche, totale Veränderbarkeit; eben einen komplett anderen Menschen verkörpern zu können? Ganz abgesehen davon, dass es auch eine (inhaltliche) Erweiterung sein kann, gegen seinen Typ anzuspielen. Dieses (Schubladen-)Denken in Typen kennzeichnet in erster Linie die für die Besetzung Verantwortlichen, die – mit immer guten Argumenten – vor allem auf Nummer sicher gehen, nicht zuletzt weil es ihnen an Vorstellungsvermögen mangelt und die Schauspielerei wesensfremd geblieben ist.

31 Viele Schauspieler tun sich mit ihrem Körper nicht nur schwer, sondern nicht selten lehnen sie diesen sogar ab. In der Arbeit selbst ist das Thema geradezu tabu. Das wird »im stillen Kämmerlein« mit sich alleine abgemacht. (In diesem Sinne ist das Private immer auch das Verschwiegene.) Hier zeichnet sich eine weitere Grenze ab, die unüberwindbar sein kann und im schlimmsten Fall den schauspielerischen Ausdruck auf null schrumpfen lässt. Das ist auch die Grenze, an der meine Arbeit endet; ich bin kein Therapeut, ich bin Coach.

32 Sollte es die Aussage der Szene sein, dass die Figur sich nicht mitteilt, wäre auch das ein kommunikativer Vorgang: Die Verweigerung der Kommunikation mit einem Gegenüber setzt dieses in seiner Existenz zwingend voraus. Auch in diesem Fall wäre mein Spiel durch eben diese kommunikative Struktur gekennzeichnet.

33 (siehe auch Anm. **11**) Das Sprechtempo ist nicht einfach nur irgendwie schneller, es wird so sehr angezogen, bis es mein Empfinden, das ich von meinem vermeintlich schlechten Spiel habe, überlagert, ich es nicht mehr »vor Augen habe«. Diese Prozesse laufen in Bruchteilen von Sekunden parallel zu meinem eigentlichen Spiel mit ab. Sie bilden eine weitere Schicht.

34 Das »Bei-sich-sein« bedeutet doch – nur um sich das noch einmal zu vergegenwärtigen –, dass das »Ich« nicht für sich alleine als eine Einheit genommen werden kann, sondern dass dieses mindestens aus zwei Teilen besteht, aus mir, meinem physischen Sein und mir, meinem bewussten Sein. Wie heißt es umgangssprachlich so treffend: *Ich bin klar im Kopf!*

35 Auch Autoren, insbesondere jedoch Redakteure und Produzenten glauben »den« Zuschauer zu kennen, schlimmer noch, maßen sich an zu beurteilen, was dieser sehen wolle, was ihm zuzumuten sei. »Der« Zuschauer kann sehr wohl alleine entscheiden, was ihm schmeckt und was nicht. Wer sein Leben lang mit fast food abgespeist wird, der entwickelt keine Geschmacksnerven.

36 Dabei spricht es ja für mich, für mein – physisch verortetes – Wahrheitsempfinden, dass ich spüre, dass mit meiner Verkörperung etwas nicht stimmt, und dieses könnte, ohne eine moralisierende Negativbewertung, zu einem wichtigen Regulativ meiner schauspielerischen Arbeit werden.

37 Damit möchte ich nicht die Eitelkeit generell in Misskredit bringen. Im Gegenteil, sie kann ein unglaublicher Motor sein, der mich in meiner Sehnsucht nach Gesehen-werden-wollen und in meiner schauspielerischen Entwicklung antreibt. *Wer keine Rampensau ist, spielt sein Leben lang nur kleine Rollen*, sagt Jochen Busse. Und dann, was spricht dagegen, sich in dem zu gefallen, auch ein guter Schauspieler oder besser als alle anderen oder sogar der Größte sein zu wollen, ein (weiterer) »Stern«? – Das alles ist mein »Privatvergnügen« und geht niemanden etwas an. Aber es bleibt die entscheidende Frage: Was will ich über die Befriedigung meiner Eitelkeit hinaus? Was will ich mit diesem Beruf? Was will ich erzählen? Habe ich überhaupt etwas zu erzählen?
Die Mitglieder des Group Theatre waren sicherlich auch alle große Selbstdarsteller, aber der Ausgangspunkt für ihre Arbeit war ein gesellschaftliches Anliegen, die gemeinsame Hoffnung, die (Theater-) Welt zu einer besseren (kommunistischen) machen zu können. Unter diesem »Stern« haben sie ihre Arbeit (und ihr Leben) organisiert.

38 *Am Ende von dem Satz brauche ich den Blick von dir. – Aber für meine Figur passt der in der Situation nicht. – Dann kann ich da aber so nicht reagieren. – Aber ich muss ja auch meine Figur spielen.* Diese und ähnliche Argumente tragen nichts zu einer Klärung der Situation der Figuren bei – egal mit welcher Verve sie auch vorgetragen werden; vielmehr offenbaren sie das mangelhafte Berufsverständnis der so professionell daherkommenden »Macher«.

39 In der Generation meiner Eltern sprach man dann – mit anzüglich-abwertendem Lächeln – von einem *ganz besonderen Völkchen,* dass in seiner eigenen Welt lebe, ohne erklären zu können, woraus diese bestand. Die jeweiligen Beschreibungen gaben wohl nicht so sehr Auskunft über die Realität als über die (verschwiegenen) Sehnsüchte der Erzählenden. (In diese merkwürdige Kategorie der Völkchen gehörten auch die *Zigeuner*, denen allenfalls als periodisch vorbeiziehende Messerschleifer eine Existenzberechtigung zugestanden wurde.)

40 Unterschiedslos im öffentlichen-rechtlichen wie im privaten Fernsehen und was deren Macher – über alle ideologischen Gräben hinweg – vereint, ist der tägliche, (angstvoll) starre Blick auf die Quote.

41 Es geht hier noch nicht um eine interpretative Ausgestaltung der Figur, sondern nur um das, was jene zu ihrer Voraussetzung hat.

42 Wie schnell der Gedanke auch vollzogen wird, er wird doch real vollzogen, selbst wenn er mir nicht »in mein Bewusstsein kommen« sollte, quasi unterhalb dieser Ebene in Bruchteilen von Sekunden durchläuft – und mir gleichzeitig noch so viele andere Gedanken durch den Kopf jagen.

43 Stellen Sie sich – nur zum Vergnügen – einmal vor, das wäre die Szene, die Sie spielen müssten: Worauf es ankäme, würde mit keinem Wort erwähnt! Wie würden Sie das durch Ihr Verhalten sichtbar machen?

44 Es kann natürlich sein, dass eine Figur im Spiel die Augen schließt und trotzdem als Figur präsent bleibt, ihr zum Beispiel etwas zu viel ist, wovor sie die Augen verschließen muss. Aber das bedeutet eben, dass sie das, was ihr zu viel ist, zuvor gesehen haben muss. Auch in diesem Fall geht ihr Blick raus.

45 Es geht hier nicht um die Ansiedlung der Szene in der »gutbetuchten« Mittelschicht, sondern nur um die besondere Qualität des Materials, die ich »erfasse«. Es ginge natürlich auch mit einer Decke aus Polyester. Wenn ich dieses Material vergliche mit dem, wie sich Kaschmir anfühlt, wäre ich auch wieder da, wo ich als Schauspieler sein muss. Immer wieder: Nie tue ich als ob, sondern beziehe mich konkret auf die Welt, in der ich lebe.

46 *Neunundneunzig Prozent von uns sind außerstande, etwas zu denken, zu erkennen, sogar etwas wahrzunehmen oder zu empfinden, was über den Rahmen ihrer Sprache hinausgeht. Positiv: nur dasjenige können sie denken, erkennen, wahrnehmen oder empfinden, was unsere Sprache uns vorgegeben hat. Diese »Vorgabe«, die Sprache als ganze, ist ein einziges, ungeheuer großes und reichhaltiges Vorurteil – womit ich meine, daß Vorurteile primär nicht in der ungeprüften Übernahme dieser oder jener Einzelthesen, sondern in der des Ideologiesystems als ganzem bestehen. Wenn wir als Kinder sprechen lernen, dann lernen wir nicht Einzelwörter, sondern das System der Vorurteile der Welt, auf die wir vorbereitet werden sollen... Eine »Sprache beherrschen« bedeutet heute: über sie herrschen, Gedanken und Vokabeln befehlen oder tabuisieren. In diesem Sinne »beherrschten« Hitler und Stalin die deutsche und russische Sprache.* (zit. Günter Anders, *Ketzereien)*

47 Der Vorteil von solch (vermeintlich) unbedeutenden Rollen liegt unter anderem darin, dass diese, von der Regie meist vernachlässigt, Sie in deren Ausgestaltung absolut frei macht; die Schaffung einer Figur bleibt Ihnen überlassen!

48 Am Set erlebe ich immer wieder, dass Schauspieler sich – außer um den angelernten Text – um die physischen Selbstverständlichkeiten einer Figur im Vorfeld nicht gekümmert haben. Ohne einen blassen Schimmer hocken sie, unserem Beispiel folgend, wie »Falschgeld« an der Kasse. In ihrer vermeintlichen Professionalität – denn das halten sie für Schauspielerei – fragen sie vielleicht noch nach, wie viel man von ihnen sähe und auf den beruhigenden Satz der Regie, dass die Hände eh nicht im Bild seien, sind sie im Dreh dann damit beschäftigt, sich – ganz allgemein – locker zu geben. Mit derart fehlgeleiteter Konzentration kommt ihnen ihr – nur in korrekt-neutralem Deutsch aufgesagter – Text nicht selten noch zu früh, zu spät oder auch gar nicht über die Lippen.

49 Wobei die Übergänge hin zu der Figur »schwammig« bleiben, vor allem in Verbindung mit einem zunächst aufgesagten Text; Vermischungen, vergleichbar einem Badezusatz. Nur wann es sich endgültig um ein Vollbad handelt, ist schwer zu bestimmen, also die Aussage zu treffen, dass »das« jetzt »die« Figur sei. Wenn wir – etwas bescheidener – damit leben könnten, in einem Prozess der Vorläufigkeit, einer nicht endenden Annäherung an die Figur zu bleiben, dann würden wir diese auch nicht aus den Augen verlieren beim Spielen. Und das wäre qualitativ eine ganz andere Haltung – zu uns, zu der Figur, zum »Leben« –, als wenn wir uns – angestrengt-souverän – zurücklehnten, da wir die Figur ja jetzt »hätten«.

50 So kann es Ihnen passieren, dass Sie im Theater zwar den Text von Hamlet hören, aber zu Gesicht bekommen Sie nur einen Schauspieler, dessen Gestaltungsmöglichkeiten durch seinen (klein-)bürgerlichen Erfahrungshorizont begrenzt werden und eigentlich nur auf diesen verweisen. – Das ist dann mal wieder einer der Abende, an denen ich mir vornehme, das nächste Mal doch gleich ins Kino zu gehen.

51 Das Stück ist 2011 von Roman Polanski verfilmt worden.

52 Um diesen Zusammenhang noch mal an einem anderen Beispiel sinnfällig zu machen: Ein Mann ist arbeitslos geworden und hat es seiner Frau noch nicht gesagt. Er kommt nach Hause, sie sitzt im Garten und als sie ihn sieht, sagt sie, wie schön doch das Leben sei. Und er, der das bis dato immer bestätigt hat, sagt nun, *Dein Wort in Gottes Ohr…* Der Satz ist gewissermaßen gewachsen auf dem Boden seiner Verzweiflung. Die spezielle Formulierung ist also schon der Ausdruck der emotionalen Verfassung, die er nicht mehr zusätzlich durch einen wie auch immer angenommenen Ton illustrieren muss. Gerade in der lapidaren Sachlichkeit der Mitteilung, die keine zusätzliche Gestaltung erfährt und sich auf das Notwendigste beschränkt, kommt die Tragik der Situation an die Oberfläche. Die Figur teilt sich nur mit. Das aber real. – Voraussetzung ist allerdings ein »gut« geschriebenes Buch.

53 Ich spiele also nicht die Not der Figur, sondern es ist meine Not (der Figur, die ich spiele). Mit anderen Worten, der Preis für die Wahrhaftigkeit der Figur erfordert, dass ich »bar« bezahle – mit mir, mit meiner Armseligkeit, mit dem, wofür ich mich schäme; ich ziehe blank und stehe nackt da. Vielen Schauspielern, die (ungewollt) in der Arbeit an diesen Punkt kommen, ist das zu viel; eine weitere Grenze, die nicht überschritten wird. Sie fühlen sich auf eine Art und Weise mit ihrer Privatheit in Anspruch genommen, was sie sich aufgrund ihrer persönlichen Disposition nicht leisten können oder aufgrund ihrer Auffassung von diesem Beruf auch für falsch halten. Das ist ihr gutes Recht. Jeder muss für sich entscheiden, wie weit er geht. Nur – das ist meine Auffassung – wer diesen Weg nicht gehen will, sollte die Schauspielerei noch heute an den Nagel hängen.
Dem Vorbehalt, diese Grenze nicht überschreiten zu wollen, liegt überdies ein Missverständnis zugrunde: Natürlich bin ich es, der die Figur verkörpert, aber trotzdem habe ich mit ihr nichts zu tun, sie ist Lichtjahre von mir entfernt, das heißt aber auch, dass die Figur mich schützt. In ihrem Windschatten kann ich mein Spiel radikalisieren – platt formuliert, die Sau rauslassen – und Wege zurücklegen, die im normalen Leben tabu sein müssen, wollen wir den »sozialen Frieden« nicht (noch weiter) gefährden. Unseren (Negativ-)Gefühlen ist gesellschaftliche Akzeptanz geradezu wesensfremd; erst deren bewusste Handhabung bestimmt den Grad unserer Kultur.

54 Sehen sich Schauspieler mit solch kleinteiligen Anweisungen konfrontiert, von denen sie glauben, dass sie ihr gestalterisches Freiheitsbedürfnis beschneiden, kommt nicht selten vehementer Widerspruch. Aber darum geht es nicht. Sie sind eher ein Schlüssel, der ihnen einen Zutritt zu der Figur ermöglicht, um diese in ihrer Gänze erschließen zu können. (Freiheit verstanden nicht als Grenzenlosigkeit, sondern als deren Ausgestaltung innerhalb von gesetzten Grenzen.)

55 Mit einem solcherart verkürzten Weltbild ist Michel auch als ein Reaktionär vorstellbar. Denn gerade weil er sich dermaßen »abgestrampelt« hat, gesellschaftlich aufzusteigen, sind seine irrationalen Verlustängste wieder abzurutschen enorm. Alles, was er tut beziehungsweise »lebt«, dient dazu, seine neue Klassenzugehörigkeit unter Beweis zu stellen. Und das muss er auch deshalb, weil er für sich alleine nicht ausreicht. Er bezieht sein Selbstwertgefühl über die sich zugelegten Attribute und dazu gehörte in gewissem Sinne, zumindest zu Beginn ihrer Beziehung, sogar seine ihm intellektuell

überlegene Frau. Er für sich alleine ist ein Nichts ohne Stolz, denn er kommt ja – und dort ist er »beheimatet« – von »unten«. Insofern stellt jede private wie gesellschaftliche Veränderung des Status quo von außen – in welcher Form auch immer – eine Bedrohung dar, und so treibt er – ohne wirkliche Not – ganz wie von selbst nach rechts und findet sich gerade bei denjenigen (wirtschaftlich) Benachteiligten wieder, denen er seinerzeit zu entkommen suchte. Jede Wiederbegegnung mit seinem verhassten Selbst befördert seine, diffus auf alles »Außen« hin abgeleitete, Aggressivität.
Die Figur in diese Richtung auszulegen würde den komödienhaften Rahmen des Stücks zwar sprengen, aber alleine schon mit dem Wissen um deren politische Struktur bekäme die Leichtigkeit ihrer Verkörperung einen anderen Tiefgang.

56 Die Fähigkeit, die Figur »strecken« zu können, ist zum Beispiel auch dann von Nöten, wenn ich meine Antwort aus technischen Gründen verzögern muss, etwa weil der Tonangler Zeit braucht, von meinem Kollegen zu mir zu schwenken oder ich vor meinem Partner stehe, der ein sogenanntes Flashback hat, das ich abwarten muss.

57 Je »kleinteiliger« das physische Verhalten der Figur, umso konkreter der erinnerungsmäßige Rückgriff des Zuschauers auf dessen eigene Geschichte. Dieses »Zu-sich-selbst-kommen« möglich zu machen ist doch – jedenfalls für mich – ein entscheidender, wenn nicht sogar der Grund, überhaupt Geschichten zu erzählen. »Der« Zuschauer würde auf die Frage, was er denn von einem Film oder Theaterabend erwarte, wohl mehrheitlich zur Antwort geben: *Gute Unterhaltung* – hier bekäme er sie.

58 Sie könnten sich auch dritteln: »Ich«, »Figur« und die »IchFigur«, (die sich in mir realisiert).

59 Dieses »Defensivleben« schlägt unter anderem auch auf Ihre Stimme, ein Prozess, der – wie das Älterwerden – weitgehend unbemerkt vonstattengeht und Ihren Ausdruck »abschleift«. Falls Sie nicht sicher sind, womit Sie das Üben beginnen, Ihre Stimme professionell auf den Prüfstand zu stellen und tagtäglich zu »ölen« ist mit das Sinnvollste, das Sie tun können.

60 Ist eine Szene dergestalt abgedreht, lässt die übliche – das eigene Versagen entschuldigende – Selbstkritik nicht lange auf sich warten: *Irgendwie... hab ich grad nicht das Gefühl der Figur gekriegt, war einfach nicht drin, in der Szene.* Diese Beschreibung ist ja an sich nicht falsch, aber sie fasst nicht das Problem. Sie offenbart nur das geradezu klassische Missverständnis zu glauben, man müsse im Besitz des Gefühls sein, und dann würde man, da man ja jetzt endlich wie die Figur sei, auch richtig spielen; wobei richtig spielen unausgesprochen als richtig fühlen verstanden wird. – Scheitern vorprogrammiert.

61 Interessanterweise werden meine Bewegungen für den Moment schneller, in dem ich mich umdrehe, um die Türklinke zu fassen und die Tür zu schließen. Unkontrolliert von hinten gesehen zu werden scheint noch schambesetzter zu sein als von vorne.

62 Das gilt insbesondere bei der sogenannten schweren Kost. Auf dieses Phänomen hat schon Brecht, der während seiner Emigration in New York auch Lee Strasberg kennengelernt und ihm beim Unterrichten in dessen Actors Studio zugeschaut hatte, aufmerksam gemacht, als er auf die Steifheit oder Schwere hinwies, die in Deutschland bei traurigen Szenen gemeinhin vorherrsche, sodass *ohne jeden Grund die Körper beim Tragischen vergessen werden und so in einen Muskelkrampf versetzt zu sein scheinen.*
Letzterem entkommen auch diejenigen Schauspieler nicht, die sich kurz vor ihrem Auftritt ausschütteln oder schnell noch ein paar, auflockern sollende, Atem-, Sprech- oder Gymnastikübungen machen, um dann doch nur privat in die Szene zu stolpern.

63 Um in die Souveränität parallelen Handelns zu kommen, müssen Sie den Text auf jeden Fall »blind« draufhaben. In dem Maße, in dem Sie sich auf diesen konzentrieren müssen, also etwas tun, was die Figur nie tut, in dem Maße wird Ihr Blick und der Ihrer Figur indirekter, und diese tritt hinter Sie zurück.

64 Das kann unter Umständen sogar Ihre schauspielerische Rettung bedeuten: Wenn nicht zu sehen ist, was Sie denken, können Sie sich – in aller Ruhe – auch gedanklich mit dem möglicherweise mangelhaften Verlauf Ihres augenblicklichen Spiels beschäftigen und dieses in die gewünschte Richtung dirigieren. Erschwerend kommt allerdings hinzu, dass nicht Sie bestimmen, was Sie denken, sondern dass es Sie denkt. Zumindest in einer »öffentlichen« Situation schießen Ihnen die jeweiligen Gedanken nur so in den Kopf. Und das ist auch solange unproblematisch, solange Sie diese einfach zulassen und die – parallel – dazu agierende Figur davon nichts spüren lassen, diese also in ihrem physischen Gebaren weiter durchführen und von sich freihalten. Das hat sogar noch einen positiven Effekt: Folgt der Zuschauer Ihrem Tun, schlägt er alles, was Sie denken, der Figur zu, mit anderen Worten Ihre – unter Umständen aus einer privaten Überforderung heraus entstandene – gesteigerte gedankliche Aktivität intensiviert noch den dramatischen Ausdruck der Figur! So ist auch das Missverhältnis von Ihrer Empfindung und der Wirkung Ihres Spiels zu erklären; Sie sagen, *Oh mein Gott, was hab ich da gerade nur wieder gespielt*, und der Regisseur kommentiert, *Großartig!* Und nicht nur er; ist Ihr Spiel derart konzentriert – das erlebe ich beim Drehen immer wieder – kann sich dem niemand am Set entziehen.
Gelingt Ihnen diese Art der »getrennten« Figurenführung nicht, dann wird die – unfreiwillig, parallel dazu auf einer weiteren Ebene vollzogene – Negativbewertung Ihres Spiels den Ausdruck der Figur verwischen und den rhythmischen Verlauf der Szene verschieben.

65 Im Deutschen heißt es nicht »zuhöchst« überrascht, sondern »zutiefst«. Ich muss den »geblickten« Menschen wohl erst einmal mit dem – zutiefst in meinem Inneren gespeicherten – Bild, das ich von ihm habe, abgleichen, bevor ich (sprachlich) reagieren kann.

66 Das schwierigste Wort ist das – zur Zeit meines Schreibens an diesem Buch – inflationär verwendete Wort *Fuck*. Egal, in welchen Situationen, von der ungewollten Schwangerschaft bis hin zum vorzeitigen Ableben, egal welchen Alters, egal welchen Berufs, wenn es einen kleinsten gemeinsamen – klassenübergreifenden – Nenner zu geben scheint, dann ist es – aus Sicht der am Puls der Zeit horchenden Autoren – das Wort *Fuck*.

67 Die Mineralwasserflasche ist schon ein Klassiker. Im kinder- und jugendgerechten Vorabendprogramm kommt sogar den Bösen eine Vorbildfunktion zu: allesamt Antialkoholiker und Nichtraucher.

68 Noch spannender könnten Sie die Figur führen, wenn Sie auf diesen Schock kein Mineralwasser, sondern einen Schnaps trinken wollten, was, dem frühen Sendeplatz geschuldet, nicht geht. Trotzdem könnten Sie die Figur so führen, dass diese noch gar nicht wüsste, dass sie die Flasche Mineralwasser nehmen wird. Und so machten Sie diesen (klischeehaften) Vorgang wieder sinnfällig: Sie könnten zum Kühlschrank gehen, weil sie, wie gesagt, auf diesen Schock einen Schnaps bräuchten, und dann sähen Sie die Mineralwasserflasche. Einen kurzen Moment wohnten wir ihrem Kampf bei – der blinden Eifersucht nachgeben oder kühlen Kopf bewahren – bevor Sie, nun sehr bewusst, nach der Flasche Mineralwasser griffen. Sie merken, wie »Sie« und »sie« – Sie als Person und sie als Figur – sich zusehends vermischen, wie, anders gesagt, die Figur in Ihnen Gestalt annimmt. Dieser zusätzliche Gedanke auf Ihrem Weg, den nur Sie hätten und über den Sie mit niemandem sprechen sollten – bewahren Sie sich Ihre Geheimnisse, die nur Sie mit Ihrer Figur teilen –, würde Ihnen aus mehreren Gründen helfen: Zum einen wäre er aus der Logik der Situation heraus möglich, und Sie würden die Figur weiter ausdifferenzieren, zum anderen würden Sie, den gedanklichen Ablauf real durchführend, wieder auf Ihr/ihr Tempo kommen und schließlich würden Sie durch Ihr bewusstes Tun meine ganze Aufmerksamkeit auf diesen Vorgang lenken. Ich würde Sie verstehen, Sie würden mich mitnehmen – auf Ihrer Reise.

69 Psychologisch gesehen wäre der gesenkte Blick in diesem Moment nicht falsch, aber da das Drehen – (um es noch einmal zu sagen) – nicht eins zu eins das normale Leben abbildet, sondern – im Idealfall – dieses »auf den Punkt« bringt, wäre ein »angehobener« Blick über den Gang unter Umständen schöner. Erstere Variante illustrierte einen Zustand, letztere ließe mich einer Figur folgen, die, den Blick im Raum, Halt suchte in ihrer Verwirrung, aber keinen fände, mit anderen Worten, ich folgte ihr in der Auseinandersetzung mit den Folgen ihres Tuns.

70 Das passiert immer wieder in den unterschiedlichsten Situationen, dass sich Schauspieler durch einen »Blick zurück im Gefühl« einen bedeutenden Abgang verschaffen wollen, der inhaltlich nicht notwendig ist und zumeist dem Schnitt zum Opfer fällt.

71 Über den dramaturgischen Stellenwert, der meiner Rolle zukommt, sollte ich mir unbedingt bewusst sein. Nicht, dass ich die Rolle, nur weil ihr eine »Zuträger« Funktion zukommt, nicht mit aller Ernsthaftigkeit gestalte, aber ich mache eben auch nicht mehr aus der Rolle, als sie hergibt, so verständlich es ist, dass ich immer mitliefern will, was ich alles drauf habe. Der Regisseur Ulrich Schamoni bemerkte einmal in diesem Zusammenhang, er nähme lieber einen echten Kellner als einen Schauspieler, der in der Rolle des Kellners gleich den Hamlet spielen wolle.

72 In diesen Situationen fällt mir nichts mehr ein: Jemand spielt etwas und konzentriert sich darauf, dass es nicht nicht zu sehen sein soll. – Fehler bei der Berufswahl.

73 Wenn das Kind nicht sofort antwortet oder nur ein »fallengelassenes,« *Ja…*, von sich gibt, lässt der Satz, *Schau mir gefälligst in die Augen, wenn ich mit dir rede!* nicht lange auf sich warten. Die Wahrheit ist eben nicht in den Worten aufgehoben, sondern in den Augen ablesbar – Wie sollte die Mutter, angesichts der eigenen Lügen in ihrem Leben, ihrem Kind auch vertrauen können; für sie sind Worte nur »Schall und Rauch«!

74 Bei allem Stress, den Sie als Schauspieler haben mögen: Ihr Blick ist nicht gespielt, sondern dieser dauert so lange, wie Sie real, in Ihrer gedanklichen Echtzeit, brauchen, um in dem Opfer Ihres Betrugs auch den potenziellen Schläger auszumachen. Das sind oft nur Bruchteile von Sekunden, die über die Glaubwürdigkeit des Vorgangs entscheiden. Aber nur so geben Sie dem Zuschauer die Chance, an die Figur »anzudocken«.

75 Ein ganz anderes Beispiel: Sie spielen in einer Serie einen Streifenpolizisten, der kurz vor seiner Pensionierung steht. Sie kennen das Set »wie Ihre Westentasche« und betreten die Amtsstube mit einer Selbstverständlichkeit, als wären Sie dort zu Hause – und gerade deshalb laufen Sie Gefahr, die Amtsstube nicht mehr wirklich wahrzunehmen, und sie verkommt zu dem, was sie ist, »Deko«. Ihre Arbeitsmittel, Computer, Telefon und so weiter, sind ja auch nicht für einen wirklichen Gebrauch geeignet. So sicher Sie auch auftreten und sich an Ihren Schreibtisch setzen, dadurch, dass Sie nicht wirklich etwas zu tun zu haben, bleibt Ihnen nur das Gestalten von Text. Eine Möglichkeit, diesem Dilemma zu entkommen, wäre, sich an den Tisch zu setzen, sich den darauf liegenden Aktenordner – von dem Sie wissen, dass er mit irgendwelchen alten Papieren aus der Ausstattung gefüllt ist, (Deko halt!), mithin nicht benutzbar – zu sich heranzögen, weil Sie noch einen Fall abarbeiten müssten. Bevor Sie jedoch den Ordner öffnen würden, entschieden Sie sich, das auf Morgen zu verschieben und – über die vielen Jahre Ihres Berufslebens absolut desillusioniert – schöben Sie den Ordner, ebenso langsam wie bestimmt wieder von sich weg und, ohne überhaupt noch hinsehen zu müssen, genau an den Platz, an dem er immer liegt, gedanklich bereits im Feierabendmodus. Schon atmete sie wieder, Ihre Figur, und sie belebte einen künstlichen Raum, den der

Zuschauer als reale Amtsstube nicht mehr in Frage stellen würde. Es reicht schon eine, aus der Logik der Figur abgeleitete, physische Aktion, und Ihr Körper nimmt Sie mit. Und wie nebenbei erzählten Sie noch, dass Ihr Polizist, obwohl er keinen Bock mehr auf den Job hat, an der aggressiven Pedanterie seiner Ausübung festhielte.

76 Machen Sie sich das Vergnügen, solchen Worten nachzugehen, die, veraltet und nicht mehr auf der Höhe der Zeit, gerne überlesen werden; sie auf ihre ganze Bedeutung hin abzuschmecken, um sie eventuell für die weitere Konkretisierung Ihrer Figur ausschlachten zu können. Jede Assoziation kann hilfreich sein, wie etwa das Gedicht *Anheimelnd* von Erich Fried: *Heimtückisch*/ erklärt er/ als Steigerungsstufe/ von *tückisch* // denn wo/ sei sonst so viel Tücke/ wie im eigenen/ Heim

77 Der Druck erhöht sich nochmals, wenn der Schauspieler meint, es handle sich um »seine« Szene. Selbst wenn dem so sein sollte, dass, dramaturgisch gesehen, seine Figur im Fokus stünde, würde es doch an der kommunikativen Struktur, die jedes Spielen auszeichnet, nichts ändern. So aber verlieren sich die beiden Schauspieler aus den Augen, er, weil er jetzt noch »mehr« gibt als sonst und sein Kollege, weil er währenddessen »privatisiert«.

Und die Druckschraube könnte weiter angezogen werden, wenn Sie als möglicherweise Nichtschwuler unbedingt Wert darauf legten, nicht als ein solcher wahrgenommen, sprich mit der Rolle identifiziert zu werden. Und was tun Sie nun? Sie nehmen in der Art und Weise Ihres Verhaltens und Sprechens Abstand von der Figur, Sie tun als ob; Sie führen diese vor, was einer Denunziation gleich kommt. Positiv betrachtet bedeutet das, dass Sie also in irgendeiner Ecke Ihres Kopfes zumindest eine Ahnung davon haben müssen, was Ihr Agieren zu einem richtigen machen würde: indem Sie diesen Menschen in sich zuließen, sich so mit ihm zur Deckung brächten und damit der ältere, ungeliebte Homosexuelle wären, der verzweifelt seinem Geliebt-werden-wollen hinterherliefe. Und was – ohne Ihnen zu nahe treten zu wollen – macht Sie mehr aus als eben genau diese Sehnsucht? *Alle*, äußerte sich Jürgen Busse in einem Interview, *die zum Theater gehen, wollen geliebt werden.* Das ist die eigentliche Verlaufsgrenze: Es ist eben auch immer Ihre Armseligkeit, die Sie zu Tage fördern und zur – gnadenlosen – Besichtigung frei geben.

78 Die Figur des älteren Homosexuellen bietet sich aufgrund seiner spezifischen, charakterlichen Ausprägung an, diesen sich – über dessen Funktion in diesem Kapitel hinausgehend – im Hinblick darauf ihre *hysterisch-depressive* Reaktion etwas genauer anzuschauen und zu fragen, wie diese sich realisiert. Und – wie immer nur zum Vergnügen – um die Schwierigkeit der Verkörperung zu vergrößern, gehen wir davon aus, dass Sie alles sind, aber nicht schwul und Ihnen diese »Welt« vor allem eines ist: fremd und nicht nachvollziehbar. (Das wird Ihnen auch bei weniger dramatischen Rollen immer wieder passieren. Sie müssen also zu verlässlichen Lösungen kommen – im Sinne der Authentizität der Figur.)

Eine erste Möglichkeit könnte sein, das Sprechtempo anzuziehen, die Stimme bis hin zum Falsett anzuheben und so laut zu schreien, dass Sie sogar über Ihre (stimmliche) Leistungsgrenze hinausgehen und so Ihren Geliebten, blindwütig wie Sie behaupten zu sein, im wahrsten Sinne des Wortes aus den Augen verlieren. – Sie gestalten das Klischee der Konstruktion und denunzieren die Figur.

Eine zweite wäre – wir haben das schon ein paar Mal durchgespielt – erst einmal zu schauen, was Ihre Figur tut: Sie stellt die drei Fragen, *Wie konntest du mir das nur antun? Und auch noch mit einem Briefträger? Was hast du dir dabei bloß gedacht?* Diese Fragen stellt sie, weil sie eine Antwort haben möchte, sie **erwartet** von ihrem Geliebten **eine Stellungnahme**. Sie ist also mit ihrer Konzentration auf diesen hin ausgerichtet. Die nächste Frage stellt sie erst dann, wenn die erste nicht beantwortet worden ist. Für

Ihr Spiel bedeutet das, dass Sie, wie die Figur in der ihrigen, konzentrationsmäßigen Ausrichtung bleiben und währenddessen eine **Entscheidung treffen**, die sich aus der Auswertung der Reaktion Ihres Geliebten ergibt, dass er nämlich – aus welchen Gründen auch immer – nicht antworten wird und Sie also **nachhaken**, jetzt energetischer, weil Sie dessen (Nicht-)Verhalten – auf einer nächsten Ebene – auch noch als weitere Missachtung Ihrer Person **bewerten**. Auf die zweite unbeantwortete Frage erfolgt eine weitere Steigerung, und mit der dritten könnte die Figur physisch »am Anschlag« sein. Sie kann nicht mehr nur nicht weiter, sie kann überhaupt nicht mehr, sie hat sich komplett verausgabt. Und doch: Selbst jetzt – auf einer dritten Ebene – **mobilisiert** sie ihre letzten Kräfte, reißt sich zusammen, um auf keinen Fall zu hyperventilieren und einen Asthmaanfall zu riskieren. Das verbietet ihr – auf einer vierten Ebene – ein letzter Rest von Stolz, der ihr in der Beziehung geblieben ist, und so steht sie aufrecht – ein ganzer Mann – vor ihrer, schon verloren geglaubten, Liebe, in Erwartung einer Antwort! Damit aber nicht genug: In ihrer *großen inneren Verletztheit* hat sie gar nicht die Ruhe, eine Antwort überhaupt abzuwarten. Auf einer fünften Ebene gehen **die Pferde mit ihr durch**. Sie kann gar nicht mehr an sich halten. Das hat auch mit ihrer – nie ausgesprochenen – Verzweiflung zu tun, dass sie in ihrer nicht zu stillenden Sehnsucht nach dem so viel Jüngeren gar nicht anders konnte, als diesen zu »kaufen«. Darüber macht sie sich, auf einer sechsten Ebene, auch keine Illusionen – »Ich bin doch nicht blöd!« –, aber sie konnte nicht anders, sie musste, die Zartheit seiner Haut, der Duft seines Körpers! Irgendein kluger Mann, (Arnold Zweig, *De Vriendt kehrt heim*), dessen Namen sie, auf einer siebten Ebene, jetzt nicht mehr erinnert, hat einmal gesagt, *Liebe heißt sein wollen.* Wie wahr! Aber sie wird es nie schaffen, so sein zu können! *Ich bin zu alt! Ich weiß es! Ich sehe mich ja auch! Und was ich sehe, widert mich an. Ich würde mich auch nicht lieben! Ich bin halt ein Stück Scheiße! Jaaaa! Das bin ich! Recht hat er, dass er mich betrügt!* Während sie also ihren Liebsten **zur Rede stellt**, spricht ihr Körper aber eine ganz andere, ihr Innerstes offenbarende, Sprache, was sich auf einer weiteren, achten Ebene zeigt: Ihren beiden Händen ist eine eigentümliche Vor- und Zurückbewegung zu eigen. Der Verschmähte streckt sie nach dem Betrüger aus, weil er ihn berühren will, nein muss, und zieht sie dann, kurz bevor sie ihn erreichen, abrupt zurück, weil er es nicht ertragen würde, noch armseliger zu erscheinen, als er es ohnehin schon tut. In der strukturierten Heftigkeit der Hin- und Herbewegungen seiner Hände – und, auf einer neunten Ebene, einem über die drei Fragen zunehmenden Aufschluchzen – bricht sich die ganze innere Not der Figur Bahn. Dann folgt – daran misst sich auch die »Größe« Ihres Ausbruchs – eine absolute Stille, eine – dramaturgisch gesehen – »Generalpause«, bevor Ihr Freund nun seine Liebe bekennt. – Sind Sie jetzt »abgefüllt« genug, um ansatzlos **hysterisch-depressiv** zu **spielen**? – Sie lassen das Klischee der Konstruktion vergessen und retten die Figur.

Um der Vermittlung der Komplexität der Figur eine größere Klarheit zu geben, trennen Sie jetzt noch den Text von der Handlung. Im sogenannten normalen Leben kann das unter Umständen parallel laufen, im Spiel ist es schöner, wenn Sie dem Zuschauer immer nur eine Information »servieren«. Das hat auch den Vorteil, dass Sie sich dann zu hundert Prozent auf das Wie der Handbewegungen konzentrieren können. Der Text kommt – wie gehabt – nachgeordnet dazu.

79 Am Set erlebe ich immer wieder, dass der Produktionsdruck Schauspieler komplett überfordert. Selbst wenn sie im Spiel registrieren, dass sie gerade falsch atmen oder zwischen zwei Sätzen die Luft anhalten oder zu schnell sprechen oder…, sehen Sie sich außer Stande, ihr Verhalten zu ändern.

80 Die Schauspielerin und Lehrerin Stephanie Feury hat einem Schauspieler in einem ähnlichen Fall geraten – er hatte das Problem, Aggressivität in nahen Situationen nicht

äußern zu können, bei gleichzeitigem Ausweichen in eine physische Unterspannung, um dann aber beim Sprechen bis zur Heiserkeit auf seine Stimme zu drücken –, sich einen Stock zu besorgen und – idealerweise in einem Zimmer, das ausschließlich der Rollenvorbereitung diene –, den Text aus sich herausschreiend, auf ein Kissen einzuschlagen. Diesen physisch extrovertierten Zustand sollte er abspeichern, um ihn dann beim Dreh in der entsprechenden Situation einsetzen zu können. Sie hat im Anschluss demonstriert, was sie meinte:
Mit ihrem rechten Arm an die Wand gestützt und dieser zugewandt, hat sie sich in eine – für unsere »mitteleuropäischen« Verhältnisse undenkbare – intime Auseinandersetzung mit ihrem Vater begeben, dem sie schreiend und schließlich sogar weinend die bittersten Vorwürfe machte, um sich dann aber, unmittelbar in den Raum drehend, die Figur mit diesem Erregungszustand »auszustatten« und übergangslos mit dem Text der Szene zu beginnen.

81 Das Eigentümliche an dieser Art der Ausatmer ist, dass sie stimmlos über das kurze Schließen des hinteren Gaumens erfolgen, so als ob sie zunächst einen inneren Widerstand überwinden müssten.

82 Das sind die Situationen, in denen der Ton sich beschwert, die Schauspieler seien mal wieder zu leise. Wenn die Artikulation dann auch noch unsauber ist, geht die Verständlichkeit gen null.

83 In der Szene (siehe Anm. **75**), in der ich einen kurz vor der Pensionierung stehenden Streifenpolizisten spiele, könnte diese damit beginnen, dass ich zunächst die »Vorabinformationen« liefern würde: Polizeiwache, alter Beamter bei der Arbeit, ermittelt in einem laufenden Fall, wahrscheinlich Mord. Also telefonierte ich, gerne auch leicht dialektmäßig eingefärbt – weil meine Figur für den, das Format so typischen, »humorvoll-volksnah-unpolitischen« Charakter stünde –, in einem abgeklärt-routinierten Ton eines Mannes, dem man »kein X vor dem U macht«: *Gut, dann schickt's mir halt rüber, sobald ihr in der KTU mit der Untersuchung durch seid... Ach und eh ich's vergesse... Wenn's geht noch vor meiner Pensionierung!* und ließe – nachdem ich souverän eine Pointe gesetzt hätte – den Hörer auf die Gabel fallen. So oder so ähnlich haben Sie das schon hundertmal, Format übergreifend, gehört beziehungsweise gesehen. Sie sind im Bilde, ohne wirklich etwas gesehen zu haben. Aus Sicht der Autoren richtig geschrieben, stehe ich jetzt aber vor einem großen Problem: In dem Telefonat geht es mal wieder um nichts, oft wird auch auf den Vorgang später nicht mehr Bezug genommen. Der Satz soll für »Realität« stehen, ohne real zu sein.

84 Vielen Autoren ist nicht klar, was eine Figur sagt und was sie spielt, aus welchen Bestandteilen sich szenisches Spielen zusammensetzt. Nicht vertraut mit schauspielerischen Abläufen, packen sie alle, auch die zu verkörpernden, Informationen in den Text. Mit den Problemen, die sich aus dieser Art des Schreibens ergeben, eines Schreibens, das sich auf einen (ausgedachten) dramaturgischen Effekt gründet, aber nicht (lebenden) Figuren folgt, werden Sie sich immer wieder auseinandersetzen müssen.

85 Mein Gesicht ist nicht einfach nur unbeweglich leer, sondern mir entgleiten die Gesichtszüge; eine Formulierung, die es genau fasst: Ich bin in keinem Zustand, den ich illustriere oder festhalte, ich bin in einem Vorgang, genauer ich wohne einem Vorgang bei, der sich in mir vollzieht und der in meinem Gesicht abzulesen ist, so vehement dieser auch sein mag. Sie könnten sich den Spaß machen, über den Satz, *Das darf doch nicht wahr sein!* sich – ganz technisch – darauf zu konzentrieren, Ihre Gesichtszüge entgleiten zu lassen, sich also auf den Vorgang als solchen und nicht auf dessen Ausdruck zu konzentrieren, und Sie werden merken, selbst so funktioniert es.
Und immer wieder: Sobald Sie einen Ausdruck spielen, also in die emotionale Gestaltungsfalle tappen und dergestalt unter Beweis stellen, es doch nur richtig gemacht ha-

ben zu wollen, lässt Schillers gern zitierter Spruch, *Ich spür die Absicht und bin verstimmt*, nicht lange auf sich warten. Nichts ist unangenehmer als ein Mensch, der es gut meint, aber nicht gut macht.
Auch ein Grund, warum Politiker zu Feindbildern mutieren: In ihrer chronischen Bringschuld beteuern sie bei jeder passenden und unpassenden Gelegenheit, wie gut sie doch ihre Arbeit machten, dass sie es ja seien, die, zum Wohle aller, »das Große und Ganze« im Auge hätten, um dann aber »im Kleinen und Zerbrochenen« der Lüge überführt zu werden.

86 Es gibt auch die Variante des »Verziehens«, das letzte Wort eines Satzes unverhältnismäßig zu verbreitern, um so über die empfundene Unglaubwürdigkeit hinwegzukommen.

87 Das schließt natürlich nicht aus, dass Ihre Stimme trotzdem Defizite aufweisen kann, die behoben werden müssen. Aber auch eine beschädigte Stimme transportiert, wenn auch eingeschränkt, Ihre Gefühle.

88 Zu Beginn einer Arbeit passiert es häufiger, dass Schauspieler das Spielen hinauszögern wollen, weil sie noch nicht »so weit« sind beziehungsweise sich fühlen, um sofort beginnen zu können. Mir ist nicht klar, wo Sie meinen hinkommen zu müssen, um »so weit« zu sein. Sie sind bei sich. Das reicht.

89 Ganz abgesehen davon, dass im sogenannten normalen Leben Gefühle nicht »sauber«, sondern »vermischt« an die Oberfläche kommen, geht diese Art der Standardisierung unausgesprochen davon aus, dass Gefühle als in sich konstant anzusehen sind, als »gleichbleibend«, »feststehend«, schlimmer noch »naturgegeben« – ein schmaler Grat, auf dem wir uns bewegen; ein Schritt nur trennt uns bei der Figurensuche vom »Fischen in reaktionären Gewässern«.

90 Ernst Schröder schreibt (siehe auch Anm. **4**), *Der Grad der Lernenergie ist ausschlaggebend für die Wirksamkeit des schauspielerischen Talentes!...Dabei entscheidet am Ende wieder die Fallhöhe vom Bewussten ins Unbewusste...denn es ist ein Unterschied, in welcher Schicht sich die Verwandlung durch das Wort ereignet. Für diesen ganzen »Verbrennungsprozess« ist die Lernenergie der Zünder. Der Rollentext wird destilliert durch das Temperament des Schauspielers, bis sein geistiges Extrakt sich verselbständigt und der* **geschauten** *Figur Atem gibt.* (Hervorhebung durch den Autor)

91 Zu den Bewegungen gehört auch das Denken. Der in der Regel als Kompliment gemeinte Satz, jemand habe einen *beweglichen Geist*, meint genau das.

92 Auch für den Autor des Stücks gab es kein Entkommen. Als er *Die Zofen* schrieb, saß er, zu lebenslanger Haft verurteilt, im Gefängnis. Theater war kein Teil der Lebenswelt des ehemaligen Strichers Jean Genet und doch schrieb er für die Bühne. Aber wer würde ein Stück dieses »nichtigen« Kriminellen jemals lesen, geschweige denn inszenieren? Das lag außerhalb jeder Wahrscheinlichkeit. Warum also machte er sich an dieses so offensichtlich sinnlose Unterfangen? Weil er: musste. Es war dies die einzige Möglichkeit, seiner Knechtschaft zu entkommen, wohl wissend, dass er immer wieder auf diese zurückfallen würde, lebenslang. Insofern verweisen *Die Zofen* auch auf seine private Existenz, die er mit ihnen spiegelt. Das Stück wurzelt zwar in der privaten (Not-) Situation seines Autors, aber – und das macht es bedeutend und Genet zu einem, wie ich finde, »großen« Künstler – es weist über diese hinaus auf eine Gesellschaft, die es auf seine Machtstrukturen hin analysiert.

93 Genet teilt seine Figuren auf in das, was sie tun und das, was sie sind: Solange hilft ihr, und sie ist traurig. Im »Neudeutschen« wird das häufig zusammengezogen: *Sie hilft ihr traurig*. (Solche Ausdrucksfehler sollten Sie schon beim Lesen unbedingt korrigieren, entweder diese »stimmungsmachenden« Anweisungen als erstes einschwärzen oder wieder in ihre Einzelteile zerlegen; zu groß die Gefahr, später – unmerklich – *traurig helfen* zu spielen.)

Diese Genauigkeit Genets findet sich auch – (Lessing lässt grüßen; siehe Anm. **27**) – in der Sprache wieder, die er seinen Figuren zugesteht. Solange weiß nicht nur um ihre Gefühle, sie kann diese auch auf im wahrsten Sinne des Wortes verorten: *Ich habe unsere Mansarde geliebt, weil mir ihre Armseligkeit armselige Bewegungen aufzwang.* Gefühle sind also keine – wie auch immer gearteten – »Innereien«, sie sind eine Folgeerscheinung unserer Art und Weise des Kontakts mit der uns umgebenden Welt beziehungsweise werden uns sogar von dieser diktiert; wir sind in Reaktion auf diese. An anderer Stelle sagt sie: *Du kennst die Bewegungen nicht, die du machen musst. Die Dinge sind gewichtiger, Claire, einfacher.*

94 Auf die Frage, wann und wodurch er in *The Joker* die Schubladen der Figur gezogen oder wie der Interviewer es formulierte, den *extrem gestörten, narzistischen Killer in den Griff bekommen* habe, antwortete Joaquin Phoenix, *Ich weiß gar nicht, ob ich das habe. Arthur ist eine schillernde Figur, die viele neurotische Facetten hat und unter furchtbaren Gemütsschwankungen leidet. Das hat mir bei den Dreharbeiten geholfen: Ich musste gar* **keinen stringenten** *Charakter entwickeln.* (Hervorhebung durch den Autor)

95 Die Gefühle können ja, was die hohe Anzahl der Schubladen nahelegt, ein solch unentwirrbares Knäuel bilden, dass Solange diese gar nicht mehr einzeln (er-)fühlen kann, sondern die ihr nur wie ein Kloß im Magen liegen; deshalb auch *ausleeren*.

96 In den jeweiligen Situationen am Set bin ich mir nie sicher, ob der Regisseur sich mit Ihrer falschen Darstellung zufrieden gibt, weil er diese sogar für richtig erachtet oder diese ihn nicht weiter interessiert, weil er denkt, dass sich das verspielen oder er im Schnitt lösen werde oder weil er sehr wohl ein Unbehagen hat, aber nicht weiß, mit welcher Sprache er sich den Schauspielern gegenüber verständlich machen könnte. Wie auch immer, Sie werden es nicht erfahren und bleiben auf sich alleine gestellt. Sie müssen zwingend wissen, welches Verhalten welchen Ausdruck nach sich zieht.

97 *Ich bin die Figur* ist wohl die geläufigere Formulierung, in der aber – für mein Empfinden – Rechtfertigung wie Anmaßung gleichermaßen mitschwingt. *Die Figur bin ich* hingegen erscheint als eine, keine weitere Nachfrage duldende, Tatsache, die unmissverständlich benennt, worum es geht: die Figur.

98 Nicht nur Figuren spielen um ihr Leben, manchmal passiert es sogar im sogenannten richtigen Leben: Als junger Schauspieler stand ich auf der Bühne mit einer schon über siebzigjährigen Schauspielerin, die in dem Volksstück den undankbaren Part der bösen Schwiegermutter inne hatte. Sie galt als eine Vertreterin »der alten Schule«, was meinte, sie war vor der Zeit auf der Probebühne, sie kam zur ersten Probe mit dem vollständig gelernten Text – und mit Ihrer Figur. Sie redete nie schlecht über Abwesende, ihr Privatleben war ihr Privatleben, und sie war nie krank, *Um acht Uhr geht der Lappen hoch, mein Junge.* Aber eines Tages wurde sie krank, schwer krank. Das en suite Spielen ging an die Substanz, und sie bekam ihr Asthma, mit dem sie wohl zeitlebens zu kämpfen hatte, nicht mehr in den Griff. Anfangs spielte sie mit leicht erhöhter, dann mit erhöhter Temperatur und schließlich ging sie mit fast vierzig Grad Fieber auf die Bühne. Aber es war allen klar, dass sie trotz ihrer selbstverleugnenden Disziplin diese Vorstellung so nicht überstehen würde. Das Ausatmen fiel ihr zunehmend schwerer, und mit aller ihr noch verbliebenen Kraft behauptete sie Normalität. Mehr als dass sie sprach, artikulierte sie nur noch ihre kaum hörbaren Sätze. In unserer Hilflosigkeit legten wir sie nach jedem ihrer Auftritte ganz vorsichtig auf den Boden der Seitenbühne, hoben sie ebenso vorsichtig wieder hoch für ihren nächsten, tippten sie noch leicht an, und sie betrat, hochkonzentriert, Schritt für Schritt, ganz langsam nach und nach die Bühne. Angeblich hatte jemand den Notarzt gerufen, aber der kam nicht. Ihr mögli-

ches Ende vor Augen, waren wir mit unseren ganzen Sinnen zu hundertfünfzig Prozent nur auf sie ausgerichtet. Keiner dachte mehr an sich oder an seine Rolle, geschweige denn an deren Wirkung; keiner spielte mehr. Jeder machte nur noch das unbedingt Notwendige, stets darauf bedacht, nicht lauter als sie zu sprechen. Und so lief die Vorstellung – im wahrsten Sinne des Wortes – auf einem Atem. Als Folge dieser, nur auf uns ausgerichteten, Konzentration entstand ein »realer« Raum, der in einer Art Unterdruck das Publikum mit genau der gleichen Konzentration auf die Bühne zog und sich selbst vergessen ließ, so wie wir uns vergessen hatten. Es tobte und johlte vor Vergnügen, jede der Pointen auskostend, die, nur noch mitgeteilt, allesamt funktionierten; die Zuschauer standen förmlich auf den Stühlen des ausverkauften Hauses. Sie konnten ja nicht wissen, was da vor ihren Augen eigentlich verhandelt wurde. Sie schlugen unsere Konzentration den Figuren zu, die nicht mehr gespielt, sondern »echt« daher kamen. Und so kam der nicht enden wollende Applaus und lautstarke Jubel am Ende auch »von Herzen«. In der Situation selbst, glaube ich, war keinem von uns auf der Bühne klar, was da gerade eben passiert war. Auch die Betroffene, (die ich von der Nullgasse aus beobachtete), konnte es, als sie zum Verbeugen auf die Bühne kam, nicht begreifen, dass sie, doch nur um ihr Leben ringend, damit solche Begeisterungsstürme ausgelöst haben sollte. Mit großen Kinderaugen in den tobenden Zuschauerraum starrend, stand sie fassungslos da und nickte ihren Applaus ab.
Der Notarzt kam und brachte sie ins Krankenhaus. Es war ihre letzte Vorstellung, sie wurde umbesetzt – und die Vorstellung verkam. Nicht, dass wir nun nicht mehr konzentriert gewesen wären. In einem gewissen Sinne waren wir auch auf die neue Kollegin hin ausgerichtet, die ja schon mit ihrem nur angelernten Text genug zu kämpfen hatte. Wir sprangen ihr immer zur Seite, schoben »kraftvoll« die Pointen an und über die Bühne. Derart bedrängt, zog sich das Publikum wieder zurück. Wir suchten den alten Erfolg zu wiederholen, doch wir wussten nicht wie. Und so war es nur eine Frage der Zeit, bis ein jeder der Beteiligten auf der Bühne – ich auch –, sich an den eingeübten Sicherheiten festhaltend, wieder nur »seinen Stiefel« vor sich hin spielte und an das wohlverdiente Bier nach der Vorstellung dachte.

99 Sie müssen sogar, wie im Märchen *Der Hase und der Igel*, nicht nur sowohl-als auch sein, Sie müssen sogar noch vor dem »als auch« angekommen sein, damit Sie – siegreich – dem, sich abhetzenden, Hasen zurufen können, *Ich bin schon da*. Sie sind – auf einer weiteren Ebene – Ihrem Spiel immer schon einen Schritt voraus.

100 Sind mit dieser Bezeichnung etwa auch die Schauspieler – Sie und ich – in ihrer Privatheit gemeint? Das würde dann bedeuten, dass Sie und ich Solange und Claire nicht mehr *aneinander geschmiegt* spielten, sondern ebenso wie diese *aneinander geschmiegt* wären. Das wäre dann doch wohl der Moment der schauspielerischen Erfüllung, der »geniale« Moment, der »Sein und Schein« zusammenfallen ließe. *Ich habe das nicht gespielt. Ich wurde das*, sagte Sally Perel (siehe auch Anm. **3**).

101 Sind Sie dann aneinander geschmiegt, liegt der nächste Splitter schon in Reichweite: Spannen Sie nicht ab. Baden Sie sich nicht in Ihrem Gefühl, geschweige denn, dass Sie es abgenießen, folgen Sie vielmehr – ungerührt – Ihrer Figur und tun Sie das, was die Regieanweisung vorsieht, *lauschen*. Ihr Gefühl können Sie – mal wieder – getrost vernachlässigen.

102 Mir sind diese Zusammenhänge eher zufällig, um nicht zu sagen widerwillig zu Bewusstsein gekommen, als ich in George Taboris Stück *Mein Kampf* als Hitler besetzt war. Das Stück war seinerzeit »en vogue« und wurde landauf, landab gespielt. In meiner Vorbereitung auf die Rolle habe ich mir unter anderem einige Inszenierungen des Stücks angeschaut. Ich fand alle Schauspieler, auch die sogenannten großen, (die ich nicht nur bewundert, sondern um deren Engagement auch beneidet habe), falsch. Das

konnte ich mir zunächst nicht erklären, bis ich selbst, (nach zähen Proben und einem an mir verzweifelnden Regisseur) auf der 1. Hauptprobe, (mit den richtigen Schuhen endlich »in Stand gesetzt«), die Erfahrung machen musste, dass dieser Mensch Adolf Hitler, mehr als dass ich ihn spielte, an meine Stelle getreten war. Also mehr als dass ich die Rolle »hatte«, hatte die Rolle mich, so als ob sie sich ungefragt meiner nur bedient hätte. Sie, beziehungsweise ihre Essenz, war mir zugefallen. Alles, wirklich alles, wäre für mich denkbar gewesen, aber doch nicht, dass ich die Armseligkeit eines solchen »Unmenschen« teilte. Aber genauso war's. Und während ich nach der Probe alleine in der Garderobe stand, fiel es mir wie Schuppen von den Augen, dass ich mich in meiner persönlichen Anfälligkeit jederzeit so verhalten könnte und vielleicht auch würde – die Heldenrolle ist nicht unbedingt die meinige. Ich hatte einfach nur das unsagbare Glück, in »gesättigten« Zeiten groß geworden zu sein.
Und gleichzeitig war ich auch zutiefst erleichtert. Denn ich wusste, ich bin »richtig«; ich bin doch – woran ich in den zehn Jahren meiner bis dahin, von längeren Phasen der Arbeitslosigkeit bestimmten, »Karriere« zunehmend Zweifel hatte – ein Schauspieler.
Jetzt wusste ich, warum ich das Spiel der Kollegen falsch fand. Es ging nicht um deren schauspielerisches Können, das außer Frage stand. Es ging um die von der (Nachkriegs-) Gesellschaft mit einem Tabu belegten Figur Hitler, die jegliche (emotionale) Nähe zu dieser als einen Tabubruch bewertet haben würde. So musste also diese auf Abstand gehalten werden: Ich führe Hitler, wie einen Hund an der Leine, zwar vor, aber primär stelle ich mich in meiner Rolle als aufgeklärter Demokrat unter Beweis.
Kurz nach 1989 wurde diese Inszenierung auch in verschiedenen Städten in Polen gezeigt. An den Stellen, an denen im Publikum in Deutschland ausnahmslos ein tiefes Schweigen herrschte, brach das polnische in schallendes Gelächter aus. Als Opfer der Verbrechen, die das nationalsozialistische Regime an ihm verübt hatte, konnte es, frei von historischer Schuld, Adolf Hitler als den Menschen sehen, der er (auch) war: als einen lächerlichen Wicht.

103 *Nicht nur eine* »Banality of evil« *gibt es, sondern auch – was nicht weniger schlimm ist – auch* »The Evil of Banality«, notierte Günter Anders in seinen *Ketzereien*, und er fährt fort, *Diejenigen, die Schnulzen, musikalischer, literarischer, filmischer oder welcher Art auch immer herstellen und verbreiten, die begehen »Evil« und sind »evil«, weil sie Millionen von Menschen systematisch banalisieren und vulgarisieren, kurz:* entwürdigen. *Dabei denke ich nicht, jedenfalls nicht an erster Stelle, an die Produktion und Verbreitung von harten oder sadistischen Pornobildern, sondern an die Erzeugung und Verbreitung von* Seichtem. *Unternehmen, die von der täglichen Verbreitung des Banalen leben, also täglich Millionen seicht machen, richten ungleich* »more evil« *an, um nicht zu sagen: sie sind ungleich krimineller als Leute, denen ein einziges Mal ihre Hand ausgerutscht ist oder die wirklich einen Lustmord begangen haben. Die sollen wahrhaftig nicht geschont werden. Aber noch viel weniger diejenigen, deren Beruf im täglichen En-gros-Verkauf von Banalitäten und Obszönem besteht.*

Literatur

Adler, S. (2000): THE ART OF ACTING, Applause Books, New York

Anders, G. (1982): Ketzereien, Verlag C. H. Beck, München

Ayckbourn, A. (2002): THEATERHANDWERK, Alexander Verlag, Berlin

Brecht, B. (1967): Gesammelte Werke in 20 Bänden, Suhrkamp Verlag, Berlin

Brecht & Stanislawski und die Folgen (1997): Hrsg. Hentschel, I., Hoffmann, K. und Vaßen, F., Henschelverlag, Berlin

Čechov, M. A. (1990): Die Kunst des Schauspielers, Moskauer Ausgabe, Verlag Urachhaus, Stuttgart

Čechov, M. A. (1992): Leben und Begegnungen, Verlag Urachhaus, Stuttgart

Chaplin, C. (1989): Geschichte meines Lebens, S. Fischer Verlag, Frankfurt am Main

Ebert, G. und Penka, R. (1985): Handbuch der Schauspieler-Ausbildung, Henschelverlag, Berlin

Genet, J. (1982): Alle Dramen, Rowohlt Taschenbuch Verlag, Reinbek

Goldschmidt, G.-A. (2008): Die Absonderung, S. Fischer Verlag, Frankfurt am Main

Gortschakow, N. (1963): REGIE, Unterricht bei Stanislawski, Henschelverlag, Berlin

Green, B. und Gallwey, W. T. (2008): INNER GAME MUSIK, Der Mozart in uns, allesimfluss-Verlag und Shop AG

Lessing, G. E. (1964): Nathan der Weise, Philipp Reclam Jun., Stuttgart

Lynch, D. (2016): CATCHING THE BIG FISH, Meditation Kreativität Film, Alexander Verlag, Berlin

Mamet, D. (2003): RICHTIG UND FALSCH, Kleines Ketzerbrevier samt Common sense für Schauspieler, Alexander Verlag, Berlin

Mamet, D. (2001): VOM DREIFACHEN GEBRAUCH DES MESSERS, Über Wesen und Zweck des Dramas, Alexander Verlag, Berlin

Meisner, S. (1987): ON ACTING, VINTAGE BOOKS, Random House, Inc., New York

Nietzsche, F. (1974): Nachgelassene Fragmente, Walter de Gruyter, Berlin, New York

Proust, M. (1961): Auf der Suche nach der verlorenen Zeit, Suhrkamp Verlag, Frankfurt am Main

Reza, Y. (2006): Der Gott des Gemetzels, Theater Verlag Desch, München

Schröder, E. (1966): Die Arbeit des Schauspielers, Atlantis Verlag, Zürich

Stanislawski, K. S. (1983): Die Arbeit des Schauspielers an sich selbst, Teil 1, 2 und 3, Henschelverlag, Berlin

Stanislawski, K. S. (1987): Mein Leben in der Kunst, Verlag das europäische Buch, Berlin

Strasberg, L. (1978): Das Schauspielerseminar, Hrsg. Schauspielhaus Bochum

Toporkow, W. (1952): K. S. STANISLAWSKI BEI DER PROBE, Henschelverlag, Berlin

Witzel, F. (2015): Die Erfindung der Roten Armee Fraktion durch einen manisch-depressiven Teenager im Sommer 1969, Matthes & Seitz, Berlin

Kurzbiografie

Studium der Theaterwissenschaften, Pädagogik und Soziologie an der Universität zu Köln und Ausbildung an der Westfälischen Schauspielschule Bochum

Engagements als Schauspieler und Regisseur, Intendant der Burghofbühne, Landestheater im Kreis Wesel, Schauspieldirektor am Mainfranken Theater Würzburg und Leitung Theater der Keller/Schauspielschule des Theaters in Köln

(Set-)Coach für Film- und Fernsehproduktionen, Dozent und Autor

Im ATHENA-Verlag ist »Leben in der UNSCHÄRFE – 35 Rekonstruktionen« erschienen

Hanfried Schüttler lebt in Berlin